Wolfgang Titze

„Du wirst mein Nachfolger!"

Vom Umgang mit Konflikten
zwischen Familie und Unternehmen

Wolfgang Titze

„Du wirst mein Nachfolger!"

Vom Umgang mit Konflikten zwischen Familie und Unternehmen

Mein besonderer Dank gilt meiner Kollegin Susanne Hüllemann, die das Vorwort geschrieben und durch ihre intensive und qualifizierte Mitarbeit dieses Buch erst ermöglicht hat. Sie ist in vierter Generation Mitinhaberin eines Familienunternehmens und ausgebildete systemische Beraterin und Coach.

Die praktischen Beispiele, die in diesem Buch beschrieben werden, dienen dazu, die theoretischen Zusammenhänge zu verdeutlichen. Die Personen und Unternehmen sind frei erfunden. Eventuelle Ähnlichkeiten mit lebenden Personen oder existierenden Unternehmen sind nicht beabsichtigt und somit rein zufällig.

RKW - Verlag

Düsseldorfer Straße 40
65760 Eschborn

RKW-Nr. 1487
ISBN 3-89644-234-1

Umschlag Foto Quelle: IBM Deutschland GmbH
Layout: RKW, Eschborn
Druck: Druck Partner Rübelmann, Hemsbach

Inhaltsverzeichnis

1 Einleitung

Nach wie vor haben Familienunternehmen eine enorme volkswirtschaftliche Bedeutung: 78 Prozent aller Unternehmen sind Familienunternehmen, die 75 Prozent aller Arbeits- und 85 Prozent aller Ausbildungsplätze stellen. Wenn es um die Regelung der Nachfolge innerhalb der Familie geht, sind diese Unternehmen allerdings einem besonderen Risiko ausgesetzt: Nur ca. 33 Prozent erreichen die zweite, 3 bis 4 Prozent die dritte und nur 1 Prozent die vierte Generation.

Zur besonderen Situation von Familienunternehmen

Was macht dieses Risiko aus? Im Unterschied zu Familien, bei denen die privaten und beruflichen Felder nicht miteinander verwoben sind, setzen sich Familien, die ein Familienunternehmen betreiben, einer erhöhten Komplexität aus. Diese ergibt sich, weil die Beteiligten zwei sozialen Systemen zugleich angehören: Der Familie und dem Unternehmen. Beide Systeme unterscheiden sich grundlegend in ihren Kommunikationsregeln und Rollenanforderungen. Die Doppelidentität als Familienmitglied einerseits und Mitarbeiter andererseits führt dazu, dass es häufig unklar ist, wer wann in welcher Rolle agiert. Geschäftsführerbesprechungen finden im häuslichen Umfeld statt und familiäre Auseinandersetzungen werden im Unternehmen ausgetragen.

Generationendynamik

Der Unternehmensgründer ist ein Visionär. Die Realisierung seiner Geschäftidee erfordert ein hohes Maß an Motivation, Risiko-, und Leistungsbereitschaft. Sein Lebensstil ist geprägt von Disziplin. Er lässt sich von auftretenden Schwierigkeiten nicht entmutigen, sondern vermehrt seine Anstrengungen und beweist Durchhaltevermögen und Frustrationstoleranz.

Die betrieblichen Strukturen sind meist auf seine Person zugeschnitten, es gibt nur wenige Hierarchieebenen. Alle Informationen laufen bei ihm zusammen, wesentliche Entscheidungen trifft er persönlich. Sein Führungsstil ist autoritär, er praktiziert ihn häufig auch innerhalb der Familie. 12 bis 14 Stundentage, inklusive Nacht- und Sonntagsarbeit, sind für ihn die Regel. Für das Familienleben bleibt somit nur wenig Zeit.

Die Familie des Gründers ist in ihrer ökonomischen Existenz ganz von der erfolgreichen Unternehmensführung abhängig. Deshalb werden individuelle Interessen der Familienmitglieder dieser Priorität unterstellt. Der familiäre Konsens und eine Kooperation aller Familienmitglieder ist somit Bedingung für das psychische und physische Überleben. Alles, was diesen Zusammenhalt stören und damit die Existenz gefährden könnte, wird tendenziell tabuisiert. Offene Kommunikation und Konfliktlösungen finden daher eher nicht statt. Bei den Kindern wird der Aufbau von Selbstbewusstsein und Autonomie oft erschwert, weil ihnen die Eltern aus Zeitmangel und Überarbeitung nicht die erforderliche Zuwendung geben können.

In der zweiten und dritten Generation zerbricht häufig die in der ersten Generation bestehende Einheit, da die anfängliche Notsituation überwunden ist. Es herrschen dann wieder konkurrierende Interessen vor, deren Vielfalt sich durch die Perspektiven hinzugekommener Schwiegerkinder vermehrt. Interessenskonflikte, Beziehungskrisen und offener familiärer Streit sind häufig die Folgen.

Bei der Entscheidung um die Nachfolge schätzen viele Unternehmer die Eignung ihrer Kinder nicht realistisch ein. Nur selten werden die Fähigkeiten so kritisch hinterfragt, wie dies bei familienfremden Angestellten der Fall ist. Denn die Übergabe des Unternehmens an Familienangehörige hat absolute Priorität. Daran hält der Unternehmer auch dann fest, wenn es auf Seiten der Nachfolger an Motivation und Kompetenz fehlt.

Üblicherweise nimmt mit jeder Generation die Anzahl von Problemen und deren Komplexität zu. Zugleich sinkt mit jeder Generation die Fähigkeit, Konflikte zu lösen. Dies führt spätestens in der vierten Generation dazu, dass die Herausforderungen nur noch von etwa einem Prozent aller jemals gegründeten Unternehmen bewältigt werden können. 99 Prozent dieser Unternehmen werden an Fremde verkauft oder gehen in die Insolvenz.

Das größte Risiko besteht darin, dass die aus der spezifischen Dynamik von Familienunternehmen resultierenden Gefahren nicht erkannt werden und ihnen somit nicht, oder zumindest nicht rechtzeitig begegnet werden kann. Organisationen sind lernfähig, aber Veränderungsprozesse brauchen Zeit: ein frühzeitiger Einstieg mit Unterstützung durch einen kompetenten Berater kann die Chancen, das Familienunternehmen auch in der 3. und 4. Generation erfolgreich zu führen, deutlich verbessern.

Anforderungen an die Beratung

Aus der Beziehung zwischen der Familie und dem Unternehmen ergibt sich eine gleichermaßen spezifische wie auch komplexe Problematik. In der Beratung müssen deshalb sowohl die betrieblichen als auch die familiären Aspekte und die sich daraus ergebende besondere Dynamik gleichermaßen berücksichtigt werden. Das erfordert auf Seiten des Beraters eine spezielle Kompetenz.

Dieser muss dabei den Fortbestand des Unternehmens einerseits, als auch den Erhalt oder die Wiederherstellung des Familienfriedens andererseits im Blick haben. Oft ist das der zumindest implizite Auftrag des Kunden. Die systemische Beratung ist als Methode dafür geradezu prädestiniert. Wird sie darüber hinaus auf Seiten des Beraters mit Erfahrung sowohl in der Organisationsberatung als auch in der systemischen Arbeit mit Familien verbunden, sind damit optimale Voraussetzungen gegeben.

Karlsruhe, September 2004 Susanne Hüllemann

2 Unternehmen Kramer: Der Konflikt zwischen den Vätern verhindert die Nachfolger

2.1 Vom hoffnungsvollen Erstgespräch bis zum schriftlichen Schlagabtausch

Hermann Kramer gründete die Firma Mitte der Fünfzigerjahre und baute sie 20 Jahre lang kontinuierlich auf. Im Jahr 1974 übertrug er seinen beiden Söhnen Siegfried und Georg zu gleichen Teilen ein gesundes mittelständisches Unternehmen mit rund 200 Mitarbeitern. Diese beiden Brüder arbeiteten 30 Jahre lang erfolgreich zusammen. Zwar waren die Märkte seit Mitte der Neunzigerjahre extrem instabil geworden. Aber bis vor zwei Jahren hatte das Duo noch jede Turbulenz zusammen mit den Mitarbeitern gemeistert.

Als es an die Regelung der Nachfolge von Siegfried und Georg ging, kam erstmals Sand ins Getriebe des Familienunternehmens. Laut Gesellschaftervertrag stand es jedem der beiden Brüder zu, einen entsprechend qualifizierten Nachfolger für sich selbst zu benennen. Im Frühjahr 2001 gab es ein erstes diesbezügliches Treffen zwischen Georg (59), seinem Bruder Siegfried (65) und dessen Sohn Frank (34). Nach kurzem Gespräch waren die drei sich einig: Frank und Ludwig (25), der Sohn von Georg, sollten die beiden Nachfolger werden. Frank äußerte den Wunsch, bereits in einem Jahr in das Unternehmen einzutreten. Georg betonte, dass es für seinen Sohn Ludwig schon als Kind klar war, dass er eines Tages das Unternehmen führen wolle. Er war sich deshalb sicher, dass er dieser Lösung zustimmen werde. Zwei weitere Söhne von Georg und von Siegfried sollten nicht ins Unternehmen kommen, sondern entsprechend abgefunden werden. Die beiden Brüder hatten dem ersten Gespräch mit Sorge entgegengesehen. Zuviel hatte man schon gehört von problematischen Nachfolgeregelungen. Und nun schien die Sache ganz gut anzulaufen.

Ein halbes Jahr später fragte Georg seinen Bruder Siegfried bei einem gemeinsamen Mittagessen, wann und wie genau dessen Sohn Frank in das Unternehmen einzutreten gedenke. Zu seiner Überraschung bekam er folgende Antwort: „Frank wird nicht die Nachfolge antreten. Er braucht das Unternehmen nicht, um glücklich zu werden. Stattdessen schlägt er seinen Bruder Hans als meinen Nachfolger vor." Georg konnte den plötzlichen Sinneswandel seines Neffen Frank nicht nachvollziehen. Im Sinne der Sache stimmte er aber einem weiteren gemeinsamen Gespräch, diesmal mit seinem Bruder Siegfried und dessen Sohn Hans zu. Dieser erklärte zur Überraschung beider Brüder, dass er völlig andere berufliche Vorstellungen habe und niemals in das Unternehmen eintreten wolle. Am Unternehmertum generell habe er keinerlei Interesse. Besonders Siegfried war in der Nachfolgefrage nun völlig verunsichert. Vor wenigen Monaten sah es noch so gut aus und jetzt hatte er keinen eigenen Nachfolger mehr anzubieten. Aber auch Georg hatte für das Verhalten seiner Neffen kein Verständnis.

Da besonders Siegfried die Geschäfte bald abgeben wollte, musste die wichtige Frage der Nachfolge nun zügig geregelt werden. Also engagierten die beiden Brüder kurzfristig ihren gemeinsamen Neffen Uwe als Produktionsleiter. Er sollte nicht unbedingt Nachfolger werden, aber so hatte man doch wenigstens eine Art Familienjoker im Unternehmen.

Mitte 2002 kam es zu einem folgenschweren Eklat. Frank sagte im Rahmen einer Familienfeier, dass weder sein Vater Siegfried noch sein Onkel Georg das Unternehmen ausreichend vorangebracht hätten. Außerdem betonte er, dass sein Cousin Ludwig nicht geeignet sei, das Unternehmen zu führen. Und in die bereits entsetzten Gesichter hinein verkündete er, dass dieses Unternehmen zu verkaufen sei. Dafür wolle er sich als zukünftiger Gesellschafter einsetzen. Die Familienfeier fand ein jähes Ende, denn allen war die Laune verdorben.

Eilig beriefen die beiden Brüder daraufhin ein Gespräch mit ihren betroffenen Kindern Ludwig und Frank ein. Nach heftigem Streit besonders zwischen Frank und Georg musste es ergebnislos abgebrochen werden.

Siegfried und Georg waren ratlos. Vor einem Jahr noch hatten sie zwei willige Nachfolger und ein harmonisches Miteinander. Und nun bauten sich Fronten auf. Es schien alles in die Brüche zu gehen. Franks Frau Julia (29) bot sich immerhin an, als freie Mitarbeiterin den Einkauf zu optimieren. Sie gaben ihr einen Beratervertrag. So war wenigstens noch jemand von der Familie im Unternehmen, wenngleich es sich um eine angeheiratete Person handelte.

Nachdem Julia sich sehr geschickt angestellt hatte, initiierten Siegfried und Georg Ende 2002 ein weiteres Gespräch mit Ludwig und Julia zum Thema Nachfolge. Sie zogen den Steuerberater des Unternehmens als Schlichter hinzu. Trotzdem gingen alle Beteiligten ein weiteres Mal ohne Ergebnis auseinander.

Nach diesem Gespräch begann sich der Ton zwischen den beiden Brüdern dramatisch zu verschlechtern. Erstmalig wendete sich Siegfried in schriftlicher Form an seinen Bruder, anstatt mit ihm zu sprechen. Er warf ihm vor, seine potenziellen Nachfolger systematisch zu verhindern. So habe er beispielsweise seinen wirklich hoch qualifizierten Sohn Frank in Gegenwart von Mitarbeitern als inkompetent bezeichnet. Dies sei untragbar und schade dem Unternehmen. Siegfried warf seinem Bruder Georg praktisch Sabotage vor.

Georg antwortete ebenfalls schriftlich, dass Siegfried mit seiner Familie verhindern wolle, dass Ludwig in das Unternehmen komme. Dies habe Frank ja selbst gesagt, damals, bei der Familienfeier. Er setze seine ganzen Hoffnungen jetzt auf den gemeinsamen Neffen Uwe und seinen Sohn Ludwig. Von Seiten der anderen Partei sei ja nichts Gutes mehr zu erwarten.

Mitte 2003 war es soweit gekommen, dass die beiden Brüder zumindest über dieses Thema überhaupt nicht mehr miteinander sprechen konnten. So stark war der Konflikt geworden, der nun zwischen ihnen stand. Die Mitarbeiter bekamen Wind von der Angelegenheit, erste Gerüchte über einen drohenden Verkauf des Unternehmens machten die Runde. Beide Brüder klagten über Schlaflosigkeit und gesundheitliche Beeinträchtigungen. Die Stimmung in der ganzen Familie war aufs Äußerste gereizt. Als der erste, wirklich fähige Mitarbeiter kündigte und dies mit der Unsicherheit seines Arbeitsplatzes begründete, verständigten Siegfried und Georg sich schriftlich darauf, einen neutralen Dritten als Coach zu engagieren.

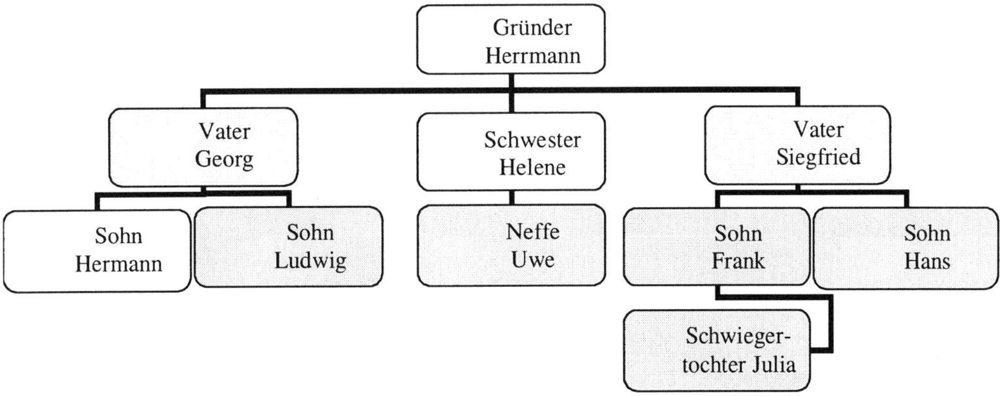

Bild 1: Die direkt betroffenen Familienmitglieder aus der Perspektive der Väter Siegfried und Georg

Hintergrund

Der Konflikt als natürliche Chance zur Entwicklung

Der Begriff „Konflikt" hat seine Wurzeln in der lateinischen Sprache. „Confligere" wird übersetzt mit „streiten, kämpfen, zusammenschlagen".

Ein sozialer Konflikt ist eine bestimmte Art von Kommunikation zwischen Menschen. Für mindestens einen der beiden Konfliktpartner ist dabei sein eigenes Denken, Fühlen, Wollen und Handeln unvereinbar mit dem des Anderen. Das Handeln des Anderen stellt für ihn selbst eine Beeinträchtigung dar.[1]

Im Beispiel der Familie Kramer erklärte der Sohn und Neffe Frank im Rahmen der Familienfeier seinen entsetzten Verwandten, dass er als zukünftiger Mitgesellschafter das Familienunternehmen an einen größeren Wettbewerber verkaufen wolle. Das geplante Handeln von Frank stellte somit für die übrige Familie eine Bedrohung dar.

Die Psychologie vertritt die Ansicht, dass Entwicklungsprozesse von Individuen erst durch Konflikte ausgelöst werden und von deren Bewältigung abhängig sind.[2] Das Leben bringt Konflikte mit sich. Wenn sich Menschen mit diesen Konflikten auseinandersetzen und sie bewältigen, bedeutet dies für sie persönliche Entwicklung. Dasselbe gilt für Organisationen und Unternehmen als soziale Systeme. Nicht der Konflikt ist somit das Problem, sondern der Mangel an Möglichkeiten eines Menschen, einer Organisation oder eines Unternehmens, ihn für seine eigene Entwicklung zu nutzen. Es geht also darum, Möglichkeiten zu schaffen, um den Konflikt zu bewältigen. Dann dient er der Weiterentwicklung.

---

[1] *Glasl, Friedrich, „Konfliktmanagement", 2002, S. 14*

[2] *intercoaching, Skript „Ausbildung zum Managment Coach", 2003, Modul 5, S. 7*

2.2 Der Auftrag an den neutralen Dritten

Zu Beginn des ersten Gesprächs mit dem Coach überraschte Siegfried seinen Bruder Georg mit folgender Information: „Ich sage Dir jetzt in Gegenwart unseres Coaches, dass im nächsten halben Jahr mein Sohn Frank meine Nachfolge im Unternehmen antreten wird." „Ja, jetzt doch? Er hat doch vor anderthalb Jahren ausdrücklich gesagt, dass er nie und nimmer in dieses Unternehmen eintreten will", rief Georg Kramer empört. „Die Dinge ändern sich eben. Ich sage Dir, er kommt", erwiderte Siegfried. „Ja, aber das gibt es doch nicht, Siegfried! Der Frank hat sich doch mit seinen damaligen Äußerungen disqualifiziert. Der kann doch mit Menschen nicht umgehen, da laufen doch die Mitarbeiter weg, wenn der kommt. Das ist gegen unsere Abmachung!", erwiderte Georg aufgebracht. „Von welcher Abmachung sprichst Du?", fragte Siegfried sichtlich gereizt. „Das weißt Du ganz genau...", entrüstete sich Georg. Siegfried blätterte hektisch in seinen Unterlagen, ignorierte dabei seinen wütenden Bruder und wendete sich dann an den Coach: „Sehen Sie, so geht das die ganze Zeit!"

Nachdem der Coach einen für die Kramers typischen Dialog mitverfolgen durfte, klärte er im nächsten Schritt den Auftrag im Detail. Die beiden Brüder waren sich darin einig, dass der Konflikt sich nicht weiter vertiefen durfte. Der Auftrag an den Coach lautete, die Familie bei deren Gesprächen zu begleiten, damit diese aus eigener Kraft zu einer wie auch immer gearteten Nachfolgeregelung kommen könne.

Siegfried Kramer betonte dabei zusätzlich folgende Punkte:

- „Wir beenden unseren Konflikt."
- „Wir bewegen uns aufeinander zu und wissen daher um die Erwartungen und Bedingungen des anderen."
- „Mein Bruder Georg lehnt meine potenziellen Nachfolger nicht mehr grundsätzlich ab."
- „Wir gehen positiv miteinander um."

Georg Kramer betonte besonders folgende Aspekte:

- „Wir brauchen eine Nachfolgeregelung, die für alle Betroffenen tragbar ist."
- „ Wir brauchen eine Alternative zur derzeitigen Situation."

2.3 Die Perspektive des erstgeborenen Übergebers Siegfried Kramer

Der Coach entschied sich dafür, zunächst Einzelgespräche mit den beiden Brüdern zu führen, um deren jeweilige Perspektiven zu klären. Das erste Gespräch führte er mit Siegfried Kramer, dem älteren Bruder.

Den potenziellen Nachfolger seines Bruders Georg, Ludwig, bezeichnete Siegfried als äußerst unerfahren. Er betonte, dass er mit seinen 25 Jahren zunächst außer Haus Erfahrungen sammeln müsse. Die Führungsqualitäten des gemeinsamen Neffen Uwe, der aus seiner Sicht mit Georg Kramer paktierte, stellte er in Frage.

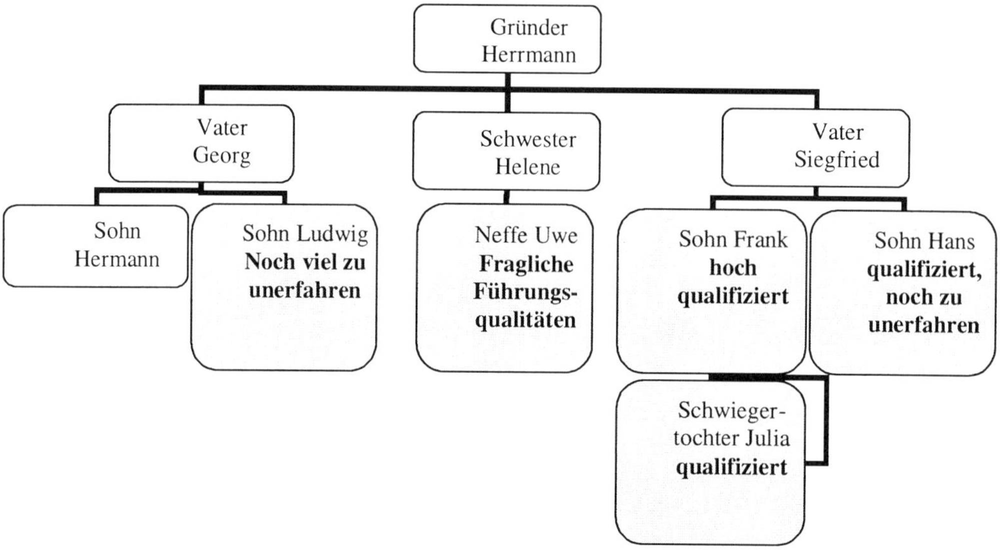

Bild 2: Die Bewertung der potenziellen Nachfolger aus der Perspektive von Siegfried Kramer

Es wurde sichtbar, dass Siegfried Kramer seine eigenen Nachfolger durchweg als qualifiziert beschrieb und sehr skeptisch war gegenüber dem „Lager" seines Bruders.

Die Bedingungen für eine Lösung wurden von Siegfried Kramer während des Gesprächs weiter konkretisiert:

- „Die Nachfolgeregelung soll langfristig funktionieren, um damit die Firma weiter existieren lassen."
- „Die Nachfolger sollen möglichst aus dem Kreis der Familie kommen."
- „Die Familien sollen sich zukünftig möglichst konfliktfrei begegnen können."

In einem nächsten Schritt betrachtete der Coach zusammen mit Siegried Kramer die Herkunftsfamilie der beiden Brüder. Hier fiel auf, dass Siegfried, als der Erstgeborene, nach eigenen Angaben zeitlebens für den jüngeren Bruder Georg maßgeblich war. Seine Eltern betrachteten ihn als den Stärksten, der für alle zu sorgen hatte. Georg war hingegen der Sohn, der immer so mitlief. Er wartete nach Einschätzung von Siegfried zeitlebens darauf, endlich den Stab zu übernehmen. An dieser Stelle kam Siegfried erstmalig der Gedanke, dass sein Bruder Georg sich entgegen seiner Beteuerungen nicht zeitgleich mit ihm zurückziehen, sondern die alleinige Führung des Unternehmens noch einige Jahre auskosten wolle.

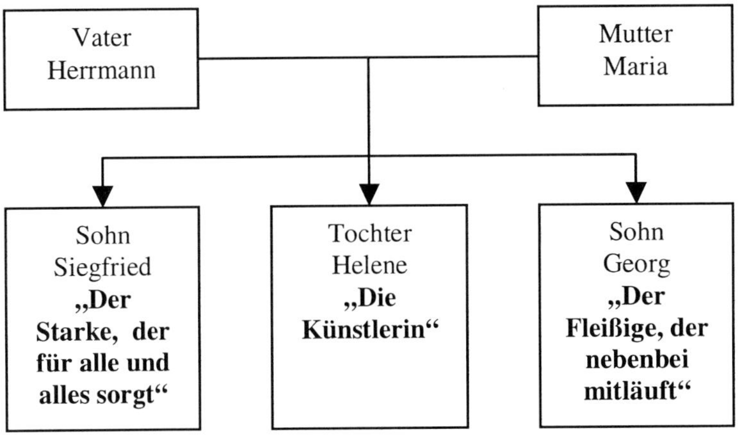

Bild 3: Die Rollen der Kinder in der Gründerfamilie

Mit dem nächsten Arbeitsschritt beleuchtete der Coach zusammen mit Siegfried Kramer eine typische Konfliktszene zwischen den beiden Brüdern:

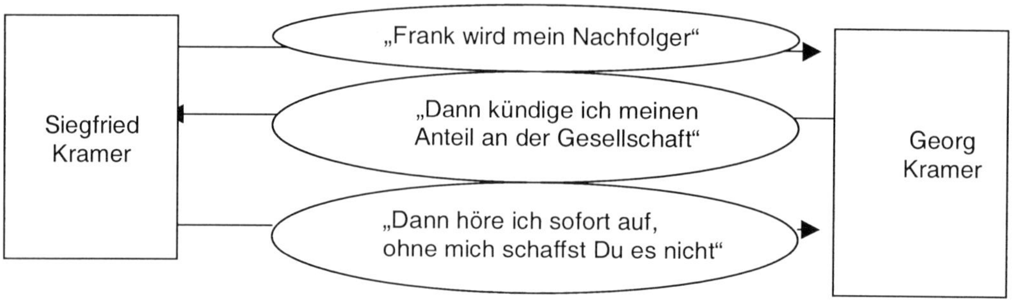

Bild 4: Typische Szene zwischen den beiden Brüdern

Siegfried Kramer begab sich mit Hilfe des Coaches schrittweise in die Perspektive seines Bruders Georg hinein. Schließlich beschrieb er die Lage seines Bruders mit folgenden Sätzen:

„Georg denkt vermutlich, dass meine potenziellen Nachfolger seinem Sohn Ludwig haushoch überlegen sind. Er vermutet, dass er denen hilflos ausgeliefert ist, sobald er sich zurückzieht. Mit Blick auf seinen Sohn fühlt er damit eine existentielle Angst. Er denkt vielleicht, dass er seinen Sohn vor meinen Nachfolgern irgendwann nicht mehr schützen kann. Zugleich denke ich, dass sein lebenslanges Gefühl der Unterlegenheit mir gegenüber bestätigt wird. „

Siegfried Kramer kam zu dem Schluss, dass er folgendes zur Deeskalation beitragen könne:

1. „Mein Bruder Georg braucht meine verbindliche und glaubhafte Zusage, dass sein Sohn Ludwig garantiert ins Unternehmen kommen kann und dass er eine seiner Kompetenz angemessene Position erhält. Nach meiner Meinung ist dafür allerdings die Voraussetzung, dass Ludwig Erfahrungen außerhalb des elterlichen Betriebes sammelt."
2. „Ich informiere meinen Bruder ab jetzt noch aktiver. Ich vermeide damit, dass er sich übergangen fühlt. Dies soll Vertrauen zwischen uns schaffen."

2.4 Die Perspektive des zweitgeborenen Übergebers Georg Kramer

Der jüngere Bruder Georg Kramer beschrieb im Einzelgespräch mit dem Coach die Situation folgendermaßen: Sein Neffe Frank habe ihn durch seine Äußerungen brüskiert, verletzt und geärgert. Die Bemerkung, dass Siegfried und Georg das Unternehmen nicht vorangebracht haben, sei ungerechtfertigt. Die Firma an einen Wettbewerber verkaufen zu wollen, sei anmaßend. Die bis dahin intakte Welt der Familie sei ausgelöst durch Frank zusammengebrochen. Dieser sei ein „Störenfried". Georg Kramer stellte die Sozialkompetenz von Frank, die zur Führung eines mittelständischen Familienunternehmens unerlässlich sei, in Frage. Und somit akzeptierte er ihn nicht mehr als Nachfolger seines Bruders Siegfried. Zugleich räumte er jedoch ein, dass Frank die fachlichen Voraussetzungen mitbringe und unter diesem Aspekt die Gesamtverantwortung theoretisch übernehmen könne. Dies traue er auch seiner Schwiegertochter Julia zu, die auch über eine höhere Sozialkompetenz verfüge als ihr Mann Frank.

Seinen Neffen Uwe hält er zwar für fähig im Verkauf, aber er sei vermutlich nicht in der Lage, eines Tages die gesamte Verantwortung zu übernehmen.

Seinen eigenen Sohn Ludwig sieht er als hervorragende zweite Kraft. Er werde seiner Meinung nach Verantwortung zusammen mit einer zweiten Person tragen können. Die gesamte Entwicklung rief bei Georg Angst und Unsicherheit hervor. Er habe das Gefühl, dass die Seite seines Bruders ihn, seinen Sohn und seinen Neffen Uwe aus dem Unternehmen drängen wolle. Seinen Sohn aber wolle er schützen und ihn im Unternehmen platzieren, damit dieser versorgt sei.

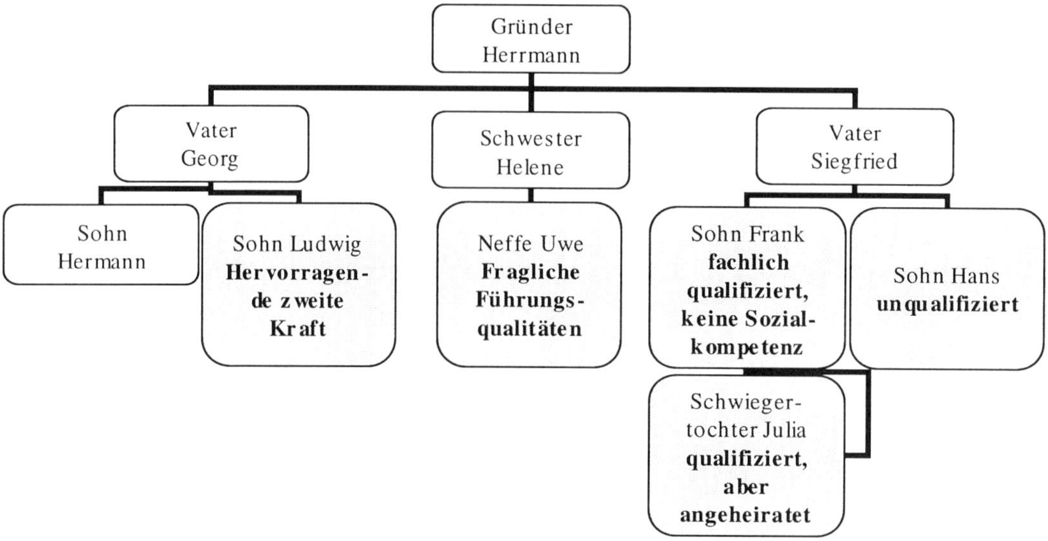

Bild 5: Die Bewertung der potenziellen Nachfolger aus der Perspektive von Georg Kramer

Im weiteren Verlauf des Coachings wurde deutlich, was Georg brauchen würde, um den Konflikt mit dem anderen Familienzweig zu überwinden:

- „Ich brauche Vertrauen zu meinem Bruder Siegfried und seinen Angehörigen."
- „Ich fühle mich verletzt. Die andere Seite muss dies einsehen."
- „Ich brauche eine gute Perspektive für meinen Sohn Ludwig und unseren Neffen Uwe. Beide sollen im Unternehmen arbeiten können."

Anschließend nahm Georg die Perspektive seines Neffen Frank ein und beschrieb dessen vermutliche Haltung folgendermaßen:

- „Mir ist die Familie gleichgültig, die Firma brauche ich nicht für meine weitere Karriere."
- „Ich bin qualifiziert."
- „In der Vergangenheit wurde das Unternehmen nicht genug vorangebracht. Wenn es so weitergeht, werde ich nichts erben."
- „Mein Onkel hat verhindert, dass ich in das Unternehmen kann. Jetzt verhindere ich seinen Sohn Ludwig..."

Nach Einschätzung von Georg brauche sein Neffe in erster Linie das Vertrauen, dass sein Erbe erhalten bleibt. Wenn er das habe, müsse er vermutlich überhaupt nicht in die Firma. Und dies wäre Georg mittlerweile recht.

Die vermutete Haltung seines Bruders Siegfried beschrieb Georg folgendermaßen:

- „Ich will den Frieden innerhalb der Familie."
- „Ich brauche eine Person meines Vertrauens in der Firma, die mir mein Vermögen erhält."
- „Das Unternehmen verlasse ich nur, wenn mein Bruder Georg auch geht."
- „Ich will mich so bald wie möglich zurückziehen."

Nach Einschätzung von Georg braucht auch sein Bruder in erster Linie das Vertrauen, dass sein Vermögen erhalten bleibe. Dazu benötige er eine Vertrauensperson im Unternehmen.

Abschließend formulierte Georg Kramer seine Bedingungen für eine Lösung:

- „Sein Sohn Ludwig muss kurzfristig in das Unternehmen eintreten."
- „Frank darf nicht Nachfolger werden, denn dann wird Ludwig vermutlich nicht in das Unternehmen eintreten."
- „Julia und Ludwig können das Unternehmen zusammen mit Unterstützung des gemeinsamen Neffen Uwe führen.

Hintergrund

Innere Landkarte der Beteiligten erforschen

Aus systemischer Sicht sind Konflikte etwas Natürliches.[3] Sie ergeben sich allein schon daraus, dass Menschen die Wirklichkeit, in der sie leben, unterschiedlich wahrnehmen. Dieselben Sachverhalte werden unterschiedlich beschrieben, gedeutet und bewertet. Systemisch gesehen gibt es somit nicht eine Wahrheit sondern so viele Wahrheiten, wie es Menschen gibt. Denn jeder Mensch hat seine eigene, hoch individuelle Konstruktion von der Wirklichkeit.[4]

Diese individuelle Konstruktion der Wirklichkeit wird auch als innere Landkarte des Menschen beschrieben. Sie gibt uns eine permanente Orientierung für unser Handeln. Sie ist der Referenzrahmen, innerhalb dessen wir Lösungen finden können. Nach unserer inneren Landkarte handeln wir selbstverständlich. Unsere Wirklichkeitskonstruktion durchläuft ständig folgende Stufen: Beschreibung, Deutung und Bewertung.

Gemäß unserer inneren Landkarte entscheiden wir zunächst, ob ein neutraler Sachverhalt, eine Tatsache, für uns relevant oder irrelevant ist. Mit Blick auf seinen Sohn Frank war für Siegfried Kramer dessen Promotion relevant. Für Georg Kramer war dieser Aspekt mit Blick auf die Nachfolgethematik irrelevant, denn in der Diskussion nannte er ihn überhaupt nicht. Für ihn war vielmehr der Sachverhalt relevant, dass Frank im Rahmen der Familienfeier gesagt hatte, dass die beiden Brüder das Unternehmen nicht vorangebracht hätten. Dieses Zitat war wiederum für Georg Kramer mit Blick auf die Diskussion um den Nachfolger irrelevant. Ihrer individuellen inneren Landkarte entsprechend beschrieben die beiden Brüder aus der Fülle der Möglichkeiten jeweils denjenigen Sachverhalt, der in der Diskussion um die Nachfolge für sie selbst die höchste Relevanz hatte.

---

[3] *Ellebracht/Lenz/Osterhold/Schäfer, „Systemische Organisations- und Unternehmensberatung", 2002, S.243*

[4] *Watzlawick, Paul, „Lösungen", 1974*
König/Vollmer, „Systemische Organisationsberatung", 2000, S.88f.
Titze, „Neue Wege finden", 2003, S.88

Mit der nächsten Stufe der Wirklichkeitskonstruktion geben wir dem als relevant eingestuften Sachverhalt eine Bedeutung. Für Siegfried Kramer bedeutete die Promotion seines Sohnes Frank zugleich Qualifikation. Georg Kramer, für den die Promotion irrelevant war, hätte entsprechend befragt diese Qualifikation für die Führung eines mittelständischen Unternehmens vermutlich als unbedeutend, ja vielleicht sogar als hinderlich bezeichnet.

Das Zitat seines Neffen bedeutete für Georg, dass Frank nicht über genug Sozialkompetenz verfügt. Wer im Rahmen einer Feier sich vor der ganzen Familie so über die verdienten Leistungen von Vater und Onkel äußerte, war aus Sicht von Georg sozial wenig kompetent. Menschen deuten Sachverhalte nach ihrer inneren Landkarte, die wiederum durch ihre gesamte bisherige Lebenserfahrung gestaltet ist.

Mit der dritten Stufe der Wirklichkeitskonstruktion bewerten wir schließlich den Sachverhalt. Siegfried Kramer kam zu dem Schluss, dass Frank aufgrund seiner Qualifikation sein geeigneter Nachfolger sei. Als solchen wollte er ihn platzieren.

Georg bewertet die Äußerung von Frank im Familienkreis dahingehend, dass er als Nachfolger seines Bruders wegen Mangel an Sozialkompetenz ungeeignet sei. Er setzte alles daran, um Frank zu verhindern. Die Bewertung von Sachverhalten führt somit zu konkreten Handlungen. Im Beispiel des Konflikts der Familie Kramer halfen diese Nachfolger zu platzieren oder zu verhindern.

Mit der folgenden Abbildung sollen die unterschiedlichen Beschreibungen, Deutungen und Bewertungen von Siegfried und Georg Kramer mit Blick auf Frank Kramer dargestellt werden:

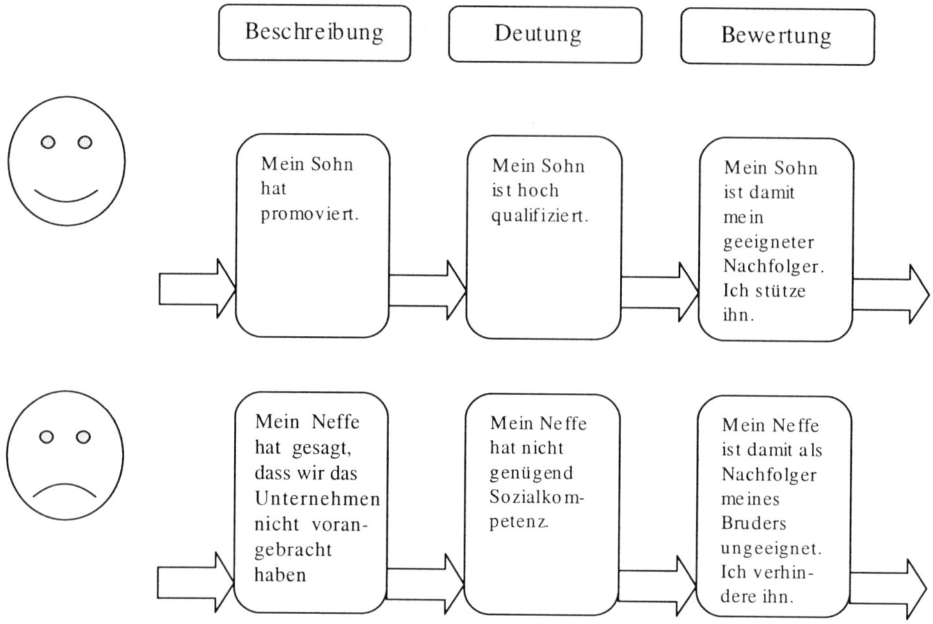

Bild 6: Stufen der Wirklichkeitskonstruktion

Aufgrund der unterschiedlichen Konstruktionen von der Wirklichkeit kam es natürlich zum Konflikt. Eine Voraussetzung, um diesen Konflikt zu bewältigen, bestand darin, die innere Landkarte des jeweils anderen zu erforschen. Mit Hilfe des Coaches konnten Siegfried und Georg die Beschreibungen, Deutungen und Bewertungen des Anderen verstehen. Zirkuläre Fragen halfen, sich wirklich in die Position des Bruders hinein zu begeben. Somit konnten die Beteiligten auch erkennen, was ihre eigenen Äußerungen beim Gegenüber jeweils bewirkten.

Siegfried erkannte beispielsweise folgenden Zusammenhang: So wie er die Qualifikation seines Sohnes Frank hervorhob, so wuchsen die Ängste seines Bruders um dessen Sohn Ludwig. Mit zunehmenden Ängsten bemühte dieser sich immer mehr, seinen Neffen Frank zu verhindern. Dies führte bei Siegfried selbst dazu, dass er sich umso stärker für die Nachfolge seines Sohnes Frank einsetzte. Auf den Widerstand seines Bruders reagierte er mit zusätzlichem Druck, der noch stärkeren Widerstand hervorrief…

Georg seinerseits erkannte folgenden Zusammenhang: Je mehr er seinen Sohn Ludwig als geeigneten Nachfolger präsentierte, desto stärker wurden die Bedenken seines Bruders Siegfried hinsichtlich dessen Unerfahrenheit. Mit zunehmenden Bedenken bemühte dieser sich, Ludwig erst zuzulassen, wenn er außerhalb des Unternehmens Erfahrungen gesammelt habe. Georg spürte den wachsenden Widerstand seines Bruders und kämpfte umso entschlossener für seinen Sohn. Dies verstärkte die Abwehr durch Siegfried. ...

An dieser Stelle hatten sich als Verhaltensmuster zwei Teufelskreise zwischen den beiden Brüdern entwickelt:

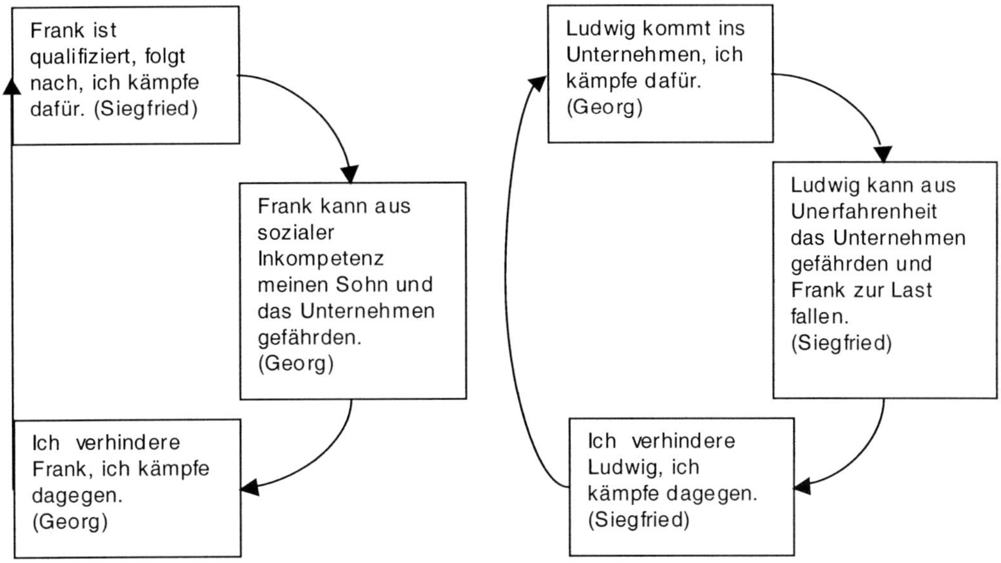

Bild 7: Zwei Teufelskreise zwischen Siegfried und Georg

Siegfried und Georg Kramer haben 30 Jahre erfolgreich zusammengearbeitet. Es ist davon auszugehen, dass ihre bisherigen Verhaltensmuster dem Unternehmen und damit ihrem gemeinsamen Anliegen gedient haben. Sonst wären das Unternehmen oder die Familie während der 30 Jahre in Schwierigkeiten geraten. Nun stand die Nachfolge an. Damit änderten sich die Rahmenbedingungen für die beiden Brüder. Die Verhaltensmuster, die sich nun zwischen ihnen etabliert hatten, dienten ihrem Anliegen, die Nachfolge gemeinsam und einvernehmlich zu regeln, nicht mehr.

Im weiteren Verlauf des Coachings ging es nun darum, dieses Verhaltensmuster und damit einen ganz wesentlichen Aspekt dieses Konfliktes zu verstehen. Systemisch gesehen werden Verhaltensmuster von den Beteiligten solange aufrecht gehalten, wie der damit verbundene Nutzen für die Beteiligten größer ist die Kosten. Der Konflikt um die Nachfolge kann dabei als eigenes soziales System verstanden werden, das sich durch Kommunikation zwischen den Beteiligten selbst am Leben erhält. Es handelt sich dabei um einen kreisförmigen, selbstbezüglichen Prozess, der von Humberto Maturana als autopoietisches System bezeichnet wurde.[5]

Dem Coach stellten sich damit folgende Fragen:

- Was hielt im Fall Kramer das System „Konflikt um die Nachfolge" aufrecht?
- Wofür war der Konflikt eine Lösung?
- Wem nutzte das Verhaltensmuster, das sich in diesen beiden Teufelskreisen ausdrückte?

---

[5] *Simon, „Tödliche Konflikte", 2001, S. 18*
Luhmann, „Soziale Systeme", 1984

2.5 Der Nutzen des Konflikts für das System Unternehmen

In der weiteren Arbeit mit dem neutralen Coach entstand folgendes Bild:

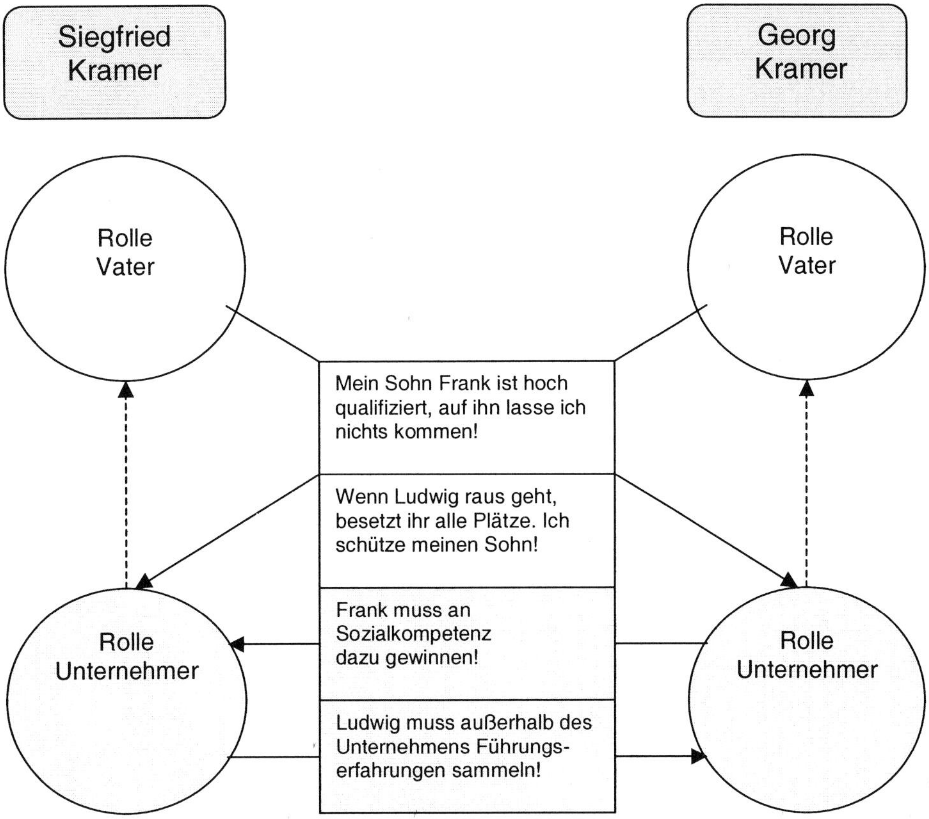

Bild 8: Doppelrollen

Siegfried und Georg Kramer erkannten ihre Doppelrollen in dem Konflikt als Unternehmer einerseits und als Väter andererseits. Zwischen diesen Doppelrollen hatte sich ein Kommunikationsmuster entwickelt, das in die Eskalation führte.

Der Unternehmer Siegfried verlangte vom Unternehmer Georg, dass dessen Sohn Ludwig über ein Mindestmaß an extern erworbener Führungskompetenz verfügt, ehe er in das Unternehmen eintritt. Ein auf der sachlichen Ebene nachvollziehbares Anliegen, dem der Unternehmer Georg vermutlich hätte zustimmen können, wenn er sich damit in dieser Rolle auseinandergesetzt hätte. Der Unternehmer reichte die Botschaft aber ungeprüft weiter an die Rolle des Vaters Georg, der die Übermacht der Gegenpartei und damit verbundene Ängste spürte. Er wollte seinen Sohn schützen und antwortete deshalb als Vater: Wenn Ludwig verspätet in das Unternehmen einträte, wären in der Zwischenzeit alle Positionen durch die andere Partei besetzt.

Umgekehrt verlangte der Unternehmer Georg, dass der potenzielle Nachfolger Frank an seiner Sozialkompetenz zu arbeiten habe. Denn er befürchtete, dass sonst zumindest die guten Mitarbeiter das Unternehmen verlassen würden, sobald Frank die Nachfolge anträte. Siegfried antwortete seinem Bruder nicht aus der Rolle des Unternehmers, sondern schützte seinen Sohn in der Rolle des Vaters vor dem Angriff des Onkels.

Die Kommunikation kreuzte sich so permanent zwischen diesen beiden Doppelrollen. Argumente blieben in der Sache unbeantwortet, es kam stattdessen ständig zu wechselseitigen Abwertungen und Verletzungen. So eskalierte der Konflikt.

Für das System Unternehmen hatte dieser Konflikt einen Vorteil: Er verhinderte, dass Nachfolger zum Zug kamen, die den Anforderungen an die Position (noch) nicht gewachsen waren. Eine der grundlegenden Konstellationen von Familienunternehmen ist das „Problem von Nepotismus".[6] Davon spricht man, wenn unfähige oder unqualifizierte Familienmitglieder auf wichtige Positionen im Unternehmen gehievt werden, die sie nur ausfüllen können, wenn angestellte Mitarbeiter der Firma sie tatkräftig unterstützen.

Im Fall der Familie Kramer überrollte die Familienlogik das Rationale gleich zweimal. Zunächst versuchten beide Brüder ihre jeweiligen Kinder auf „Biegen und Brechen" im Unternehmen als Nachfolger zu platzieren. Dabei prüfte keiner von Beiden ernsthaft die tatsächliche Qualifikation des eigenen Kindes. Auf diesen Augen waren beide Väter weitgehend blind. Siegfried und Georg agierten in dieser Phase als Väter, die das Wohl ihrer Kinder wollten. Sie agierten aber nicht als Unternehmer, die das langfristige Wohl der Firma im Auge hatten. Diese Haltung birgt grundsätzlich ein erhebliches Risiko für den Fortbestand jedes Familienunternehmens.

---

[6] *Vries, „Family Business. Human Dilemmas in the Family Firm", 1996*
vgl. auch Schreyögg, „Konfliktcoaching", 2002, S. 272

In der nächsten Phase argumentieren sie als Unternehmer. Mit in der Sache nachvollziehbaren Argumenten verhindern sie, dass die Geschäftsführung durch Nachfolger besetzt wird, die den Anforderungen nicht oder nur teilweise gewachsen zu sein schienen. An dieser Stelle verhinderte der Konflikt im Guten Schlimmeres für das System Unternehmen. Er musste von den Beteiligten nur als Chance angenommen werden. Besonders Frank und Ludwig konnten ihn konstruktiv nutzen, um ihre eigene Entwicklung in ihren persönlichen Lernfeldern Sozialkompetenz und Erfahrung voranzutreiben.

Dann gewann in der dritten Phase allerdings die Familienlogik wieder die Oberhand. Anstatt die Einwände der anderen Partei als Unternehmer ernst zu nehmen und als Chance zur Entwicklung des eigenen Kindes und der Firma zu nutzen, kamen wieder die „blinden" Väter zum Zug, die ihre Kinder unbedingt platzieren wollten.

Nun wird deutlich, welche Kräfte den Konflikt geschaffen haben und ihn als eigenes soziales System im Sinne der Autopoiese aufrecht erhalten:

- Der Wille der besorgten Väter, die die eigenen Kinder im Unternehmen und damit im Leben platzieren wollten.
- Der Wille der weitsichtigen und klugen Unternehmer, die für eine gute Zukunft der Firma sorgen wollten.

2.6 Die weitere Entwicklung

Diese Erkenntnis ließ zu, dass der Coach ab dann schwerpunktmäßig mit den potenziellen Nachfolgern Frank und Ludwig arbeitete. Diese übernahmen zunächst den Konflikt ihrer Väter und lebten diesen. Nur in kleinen Schritten gelang es durch viele Interventionen, verloren gegangenes Vertrauen zwischen ihnen wieder zurückzugewinnen. Dies war Voraussetzung dafür, dass sie ihre jeweiligen Lernfelder „Sozialkompetenz" und „Führungserfahrung" annehmen und daran arbeiten konnten. Ludwigs Thema erweiterte sich im Laufe des Coachings. Für ihn ging es darum, sich schrittweise aus der Abhängigkeit von seinem Vater zu lösen und damit mehr Verantwortung für sein eigenes Leben zu übernehmen.

In einem mühseligen Prozess einigten sich die beiden Cousins schließlich darauf, dass keiner von Beiden derzeit für eine Nachfolge im Familienunternehmen zur Verfügung steht. Diese Entscheidung teilten sie gemeinsam ihren Vätern mit, denen nichts anderes übrig blieb, als diese Tatsache anzunehmen. Ursprünglich hatten diese erwartet, dass die Nachfolger aus dem Kreis der Familie kämen. Diese Erwartung wurde nun enttäuscht. Allerdings blieb das Unternehmen als Gesellschaft bis auf weiteres in der Hand der Familie Kramer.

Die Geschäftsführung wurde mit einem qualifizierten Angestellten besetzt, der nicht aus der Familie kam. Der Neffe Uwe Kramer verließ daraufhin das Unternehmen, Franks Ehefrau Julia arbeitete als freie Mitarbeiterin weiterhin im Einkauf.

Es wurde eine Nachfolgeregelung gefunden, die das Unternehmen vermutlich weiter existieren lässt. Für die Zukunft blieben folgende Optionen für die Beteiligten:

- Frank und Ludwig folgen als Gesellschafter des Unternehmens, nicht jedoch als Geschäftsführer nach.
- Frank und / oder Ludwig kommen später doch noch als Geschäftsführer in das Unternehmen.
- Der angestellte Geschäftsführer bewährt sich und die Familien übertragen ihm das Unternehmen.
- Das Unternehmen wird an Fremde verkauft.

Das Wesen dieses Konflikts wird auf den folgenden Seiten näher beleuchtet.

Hintergrund

Eskalationsstufen von Konflikten nach Friedrich Glasl

Friedrich Glasl hat auf der Grundlage von 200 eigenen Praxisfällen ein Phasenmodell der Eskalation entwickelt. Nach seiner Beobachtung entwickeln Konflikte eine Eigendynamik, die auf Dauer durch die Beteiligten nicht mehr beherrschbar und damit auch nicht mehr steuerbar ist. Sein Modell unterscheidet neun Eskalationsstufen. Mit dem Betreten der jeweils nächsten Stufe steigt das Gewaltniveau und die Beteiligten schließen Handlungsalternativen aus, die auf der vorangegangenen Stufe noch möglich gewesen wären. Zum besseren Verständnis des Konflikts um die Nachfolge wird das Modell von Friedrich Glasl anhand der Familie Kramer näher erläutert.

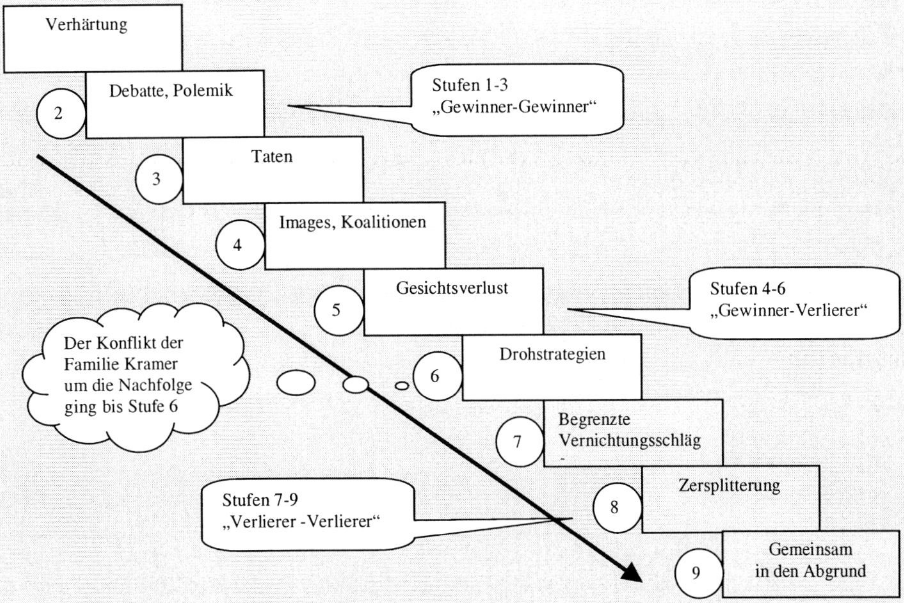

Bild 8: Stufen und Schwellen der Eskalation[7]

Stufe 1: Verhärtung

Die erste Stufe unterscheidet sich nur wenig von der alltäglichen Kommunikation, in der auch gegensätzliche Meinungen diskutiert werden. Auf dieser Stufe kristallieren sich Meinungen als Standpunkte heraus und nehmen starre Formen an. Die Beteiligten beharren auf ihren Ideen und sind von Argumenten der Gegenseite nur noch schwer beeinflussbar. Diskussionen drehen sich im Kreis und bringen nur unklare Ergebnisse.[8] Einmal getroffene Entscheidungen werden wieder in Frage gestellt. Die Beteiligten sind allerdings davon überzeugt, dass die Spannungen durch Gespräche lösbar sind.

Als Beispiel wird ein Dialog zwischen Siegfried und Georg Kramer wiedergegeben.

Siegfried: „Dein Sohn Ludwig kommt als Nachfolger auch aus meiner Sicht durchaus in Frage. Ich bin allerdings davon überzeugt, dass er

---

[7] *Glasl, „Konfliktmanagement", 2002, S.216*

[8] *König/Volmer, „Systemisches Coaching", 2003, S. 112*

nach der Universität erst noch einige Jahre in einem anderen Unternehmen praktische Erfahrungen sammeln muss, ehe er die Geschäftsführung in unserem Unternehmen übernehmen kann."

Georg: „Davon bin ich überzeugt, da er mich schon seit vielen Jahren bei meinen Geschäften begleitet. Er ist in das Unternehmen früh hineingewachsen und kennt sich in der Materie dadurch aus."

Siegfried: „Ich meine nicht das Fachwissen, sondern die Entwicklung von Führungsqualitäten. Aus diesem Grund ist es absolut notwendig, dass er sich seine ersten Sporen in einem anderen Unternehmen verdient. So wird er von Anfang an eine höhere Akzeptanz bei unseren Mitarbeiten genießen. „

Georg: „ Ich verstehe was Du meinst, aber ich sehe das völlig anders. Die Arbeit in einem anderen Unternehmen verzögert den Nachfolgeprozess unnötig und vergeudet damit Ressourcen. Er kann mit unserer Hilfe auch im eigenen Unternehmen reifen. Lass uns darüber bei Gelegenheit nochmals sprechen..."

Siegfried und Georg hatten zum selben Sachverhalt unterschiedliche Standpunkte, die sie auf Stufe 1 des Konfliktes hartnäckig vertraten. Sie diskutierten aber an der Sache, verhielten sich wertschätzend und gingen davon aus, dass sie dieses Thema über Gespräche lösen würden.

Stufe 2: Debatte, Polemik

Die Beteiligten nehmen rigorosere Haltungen ein und gehen zur harten verbalen Konfrontationen über. Sie bedienen sich schärferer Mittel, um ihre jeweiligen Standpunkte durchzusetzen. Innerhalb von Parteien steigert sich das Selbstwertgefühl. Dies kann zu Überheblichkeit führen, die entsprechende Irritationen auf der Gegenseite hervorruft. Es kommt zu ersten gegenseitigen Abwertungen. Das Verteidigen der eigenen Standpunkte wird zur Prestigesache. Die Beteiligten sind der Meinung, dass Nachgeben in der eigenen Sache negative Folgen für ihre soziale Position haben kann. Die Parteien werden argwöhnisch und achten darauf, dass sie sich nicht durch zu große Unbefangenheit Nachteile einhandeln.

Als Beispiel wird der gleiche Dialog zwischen Siegfried und Georg Kramer entsprechend verschärft wiedergegeben, um den Unterschied deutlich zu machen.

Siegfried: „Dein Sohn Ludwig kommt als Nachfolger aus meiner Sicht so nicht in Frage. Was hat er bisher denn im Leben geleistet? Sein erstes Studium hat er nicht hingekriegt, das zweite Studium, das voll und ganz der Papa finanziert hat, dauerte sieben Jahre. Georg, ich muss Dir leider sagen: Solange Dein Sohn uns nicht bewiesen hat, dass er etwas leisten kann, ist er für meine Familie als Nachfolger völlig indiskutabel."

Georg: „Das ist ja unerhört! Ludwig hat ein Studium mit guten Noten bestanden und im Gegensatz zu Deinem feinen Herrn Sohn ist er seit vielen Jahren in den Semesterferien immer wieder in unserem Unternehmen tätig!"

Siegfried: „An Deinem Rockzipfel ist er durch das Unternehmen gestolpert, Du hast ihn behütet und verwöhnt. Geleistet hat er dort nichts von Bedeutung. Aber das ist ja typisch für Eure Familie, mit Deinem zweiten Sohn gehst Du ja auch so um!"

Georg: „Was geht Dich mein zweiter Sohn an? Kehr Du vor Deiner eigenen Tür! Sprechen wir jetzt einmal von Deinem arroganten Sohn..."

Siegfried und Georg hatten zum selben Sachverhalt weiterhin unterschiedliche Standpunkte, die sie nun aggressiv vertraten. Sie diskutierten nicht mehr an der Sache, kommunizierten überheblich und werteten einander ab. Der Konflikt ähnelte auf dieser Stufe einem Hahnenkampf.

Stufe 3: Taten statt Worte

Die Beteiligten sind davon überzeugt, dass Gespräche zu nichts mehr führen. Darum gehen sie zu einseitig beschlossenen Taten über. Sie wollen Entschlossenheit, Selbstsicherheit und Unverrückbarkeit beweisen.

Für sich selbst sind die Parteien nicht mehr bereit, Einstellungen zu ändern. Sie erwarten jedoch von der Gegenseite, dass diese nachgibt, wenn auf sie Druck ausgeübt wird. Es kommt zu gegenseitigem Dominieren und Blockieren.

Innerhalb der eigenen Gruppe tritt eine weitere Stärkung des Selbstwertgefühls ein, das Zusammengehörigkeitsgefühl steigt. Es entsteht ein Druck zur Konformität.

Die Auseinandersetzung findet schwerpunktmäßig nonverbal durch Gesten und Körpersprache statt, die oft im Widerspruch zum gesprochenen Wort steht. Zwischenmenschliche Einstellungen spiegeln sich im Gesichtsausdruck deutlicher wieder als im Tonfall. [9]

Von der Gegenseite wird erwartet, dass sie sich der Auffassung des Gegners anschließt. Widerstand wird dabei in Kauf genommen. Sobald die eine Partei merkt, dass die andere Partei aufläuft, hat sie das Gefühl, einen Schritt weitergekommen zu sein. Die Gegenpartei wird allerdings mit einer Gegenaktion antworten. Und so eskaliert der Konflikt weiter.

Auch auf Stufe 3 handeln die Beteiligten noch in dem Bewusstsein, dass sie den Konflikt lösen können, wenn sie die Gegenpartei in den Prozess einbeziehen. Mit dem Übergang zu Stufe 4 erleben die Beteiligten allerdings, dass ihnen der Konflikt entgleitet.

Als Beispiel wird ein anderer Dialog zwischen Siegfried und Georg Kramer wiedergegeben, um den Unterschied zu Stufe 2 deutlich zu machen.

Siegfried: „Ich habe Dir gesagt, dass Frank in sechs Monaten in das Unternehmen als mein Nachfolger eintritt. Das ist beschlossen, Punktum."

Georg: „Dann verlässt unser Neffe Uwe das Unternehmen und mein Sohn Ludwig wird gar nicht erst einsteigen. Dies ist mit den beiden so abgestimmt."

Siegfried: „Das werden wir sehen."

Stufe 4: Sorge um Image und Koalition

Auf dieser Stufe geht es den Beteiligten um Sieg oder Niederlage. Die Einstellungen der Parteien werden noch rigoroser, starrer und aggressiver. Es treten Barrieren auf, die eine offene Kommunikation verhindern.

Jede Partei sieht sich selbst als realistischer. Die Beteiligten haben von sich selbst ein positives Selbstbild und wollen nun, dass ihre Umgebung

---

[9] *Ekman/Friesen, „Non-verbal leakage and clues to deception", in Psychatrie 32, 1969, S.88-105*

sie auch als „Übermenschen" sieht. Sie sind darauf aus, ihren guten Ruf zu wahren. In dieser Phase des Konflikts müssen sich die Beteiligten in einem Gespräch mit Dritten anstrengen, wenn sie über den Gegner etwas Positives sagen müssen. Sie betrachten den anderen nicht mehr als entwicklungsfähig. In dieser Stufe des Konfliktes suchen die Beteiligten Koalitionen und Allianzen mit dritten Personen, die üblicherweise nur während der Dauer des Konflikts halten.

Siegfried und Georg Kramer konnten über das Thema Nachfolge irgendwann alleine überhaupt nicht mehr miteinander sprechen. Deshalb wandten sie sich an einen Coach.

Im Zuge des Konfliktes bildeten sich zwei Lager: Auf der einen Seite Siegfried Kramer mit seiner Frau, seinem Sohn und seiner Schwiegertochter, Georg Kramer mit seiner Frau, seinem Sohn und seinem Neffen Uwe auf der anderen Seite.

In diesem Zeitraum sprachen auch verfeindete Familienangehörige nicht mehr miteinander, wenn sie sich zufällig auf der Strasse trafen. Weihnachtsgeschenke wurden mit der Post kommentarlos zurückgeschickt, gegenüber Freunden ließ man in Gesprächen kein gutes Haar an der Familie des jeweils Anderen.

Stufe 5: Gesichtsverlust

In dieser Phase des Konflikts erscheint der Gegner in einem neuen Licht. Man glaubt, die wahre Identität des jeweils Anderen endlich entdeckt zu haben. Die „frühere Identität" wird als Schein beschrieben, die Gegner werfen eine Täuschung über Bord. Sie sind im wahrsten Sinne des Wortes „ent-täuscht". Die Gegner verlieren ihre bisherigen Gesichter, sie sind überzeugt davon, sich gegenseitig die Masken herunterzureißen. Damit versuchen sie auch in ihrer sozialen Umgebung den Nachweis über die Verwerflichkeit des Anderen zu erbringen. In dieser Phase werden immer wieder schlüssige Theorien über Komplotte der Gegenparteien entwickelt.

Ein Dialog zwischen Siegfried und Georg soll die Theorie von Fridrich Glasl verdeutlichen.

Georg: „Siegfried, Du hast mit Deinem Sohn und unserem gemeinsamen Neffen eine Koalition gegen meine Familie gebildet. Und dies mit dem Zweck, meinen Sohn systematisch zu verhindern. Das muss aufgelöst werden, sonst wird das Unternehmen verkauft. Und im

Übrigen haben wir es bisher mit Dir und Deinem Sohn Ludwig immer gut gemeint. Als du damals Deinen schweren Unfall hattest haben wir Dich wochenlang geschont, haben alles von Dir ferngehalten. Aber auch diese Haltung unsererseits könnte sich zukünftig ändern, wenn du nicht aufhörst, meinen Sohn zu verhindern."

Siegfried: „Das ist wirklich gut...als ich damals im Krankenhaus lag, hast Du mich persönlich mit allen möglichen Belanglosigkeiten belästigt! Kaum war ich aus der Narkose erwacht musste ich schon wieder Unterschriften leisten. Aber so rücksichtslos hast Du mich mein ganzes Leben lang behandelt. Immer hast Du im Mittelpunkt gestanden und mich hast Du unterdrückt. Du warst in der Zeitung als wir unser neues Geschäftshaus eingeweiht haben, nicht ich! Unsere Mitarbeiter haben mich übrigens mehrfach auf unsere ungleichen Rollen angesprochen, mittlerweile ist dein Egoismus in der ganzen Firma bekannt!"

Stufe 6: Drohstrategien

Friedrich Glasl schreibt: „Auf der sechsten Eskalationsstufe wird das Geschehen weitgehend von radikalen und extremen Drohmanövern und Drohaktionen bestimmt. Allerorts konfrontieren die Konfliktparteien einander mit derartig massiven Drohaktionen, dass kaum mehr Raum für andere Gedanken ist – damit wird der Konfliktprozess um vieles gewaltsamer..."

Im Zuge des Konfliktes sagte Siegfried Kramer zu seinem Bruder: „Wenn du meinen Sohn nicht bis zum 30.06. als meinen Nachfolger und Geschäftsführer akzeptierst, werde ich persönlich dafür sorgen, dass das Unternehmen in die Insolvenz geht..."

Stufe 7: Begrenzte Vernichtungsschläge

Die Konfliktparteien trauen nun einander alles zu. Jede Partei hat nur noch die Sicherung der eigenen Existenz vor Augen. Die gegnerische Partei wird nur noch als hinderlicher Faktor gesehen, der den Weg zur Problemlösung blockiert. Der Gegner wird deshalb mit gezielten Überraschungsschlägen in seiner Existenz erschüttert. Eine Lösung in Kooperation mit dem Gegner ist nicht mehr vorstellbar. Der Andere soll „ausgerottet", „entfernt", „vertilgt" oder „unschädlich gemacht werden".

Der Konflikt der Familie Kramer ging nicht über die Drohstrategien der Stufe 6 hinaus. Mit einiger Phantasie kann man sich aber geeignete

Schläge vorstellen. Beispielsweise könnte die eine Partei über den möglichen Nachfolger der anderen Partei Skandalgeschichten in Umlauf bringen, die einen Eintritt ins Unternehmen unmöglich werden lassen.

Stufe 8: Zersplitterung

Friedrich Glasl schreibt: „Mit dem Überschreiten der nächsten Schwelle werden die Vernichtungsaktionen um vieles heftiger. Es gilt jetzt, die Macht- und Existenzgrundlage des Gegners schlechthin zu vernichten, den Gegner zu zersplittern..."

Stufe 9: Gemeinsam in den Abgrund

„Die Konfliktparteien führen einen totalen Vernichtungskrieg gegen ihre Umgebung, ohne noch Parteien oder Neutrale zu unterscheiden... Ihre einzige Genugtuung ist das Wissen, dass sie im eigenen Untergang den Feind mit in den Abgrund reißen können und dass er mit ihnen zugrunde gehen muss..."

Diese letzte Stufe zielt auf die physische Zerstörung des Gegners. Der eigene Tod bzw. die Vernichtung der eigenen Existenz wird dabei billigend in Kauf genommen.

Mögliche Interventionen

Die Konfliktparteien haben grundsätzlich die Möglichkeit, zumindest auf den Stufen 1-8 aus dem Konflikt auszusteigen. Besonders wenn der Konflikt auf den höheren Stufen angelangt ist, wird dies, wenn überhaupt, nur mit Hilfe einer dritten, absolut neutralen Person möglich sein.

Um den Konflikt zu verstören und positiv zur Entwicklung zu nutzen, bedarf es geeigneter Interventionen.

- Interventionen, die auf unterschiedliche Wirklichkeitskonstruktionen zielen

Es ist möglich, dass die Beteiligten an ihren Wahrnehmungen arbeiten. Siegfried und Georg Kramer haben mit Hilfe des Coaches gegenseitig ihre „inneren Landkarten" erforscht und verstanden, wie der andere seine Wirklichkeit beschreibt, deutet und bewertet. Siegfried erkannte, dass die Äußerungen seines Sohnes an der Familienfeier bei Georg nur eine Bewertung zuließen: Frank habe nicht die geeignete Sozial kompetenz, um ein mittelständisches Unternehmen zu führen. Diese Erkenntnis eröffnete neue Handlungsoptionen. So zeigte sich Frank im Zuge des weiteren Prozesses bereit, mit dem Coach an seinem Lernthema zu arbeiten.

- Interventionen, die auf Gefühle zielen

Diese Interventionen zielen darauf ab, Gefühle einander zugänglich zu machen und Feindseligkeit zu überwinden.

Siegfried hatte beispielsweise verstanden, dass die Übermacht seines eigenen Lagers bei seinem Bruder Georg Ängste auslöste. Er erkannte, dass dieser seinen Sohn Ludwig schützen wollte. Auch diese neue Sichtweise eröffnete ihm zumindest theoretisch neue Handlungsalternativen. Er hätte sich beispielsweise gezielt darum bemühen können, das Vertrauen der Gegenpartei zu gewinnen.

- Interventionen, die zu neuen Zielen führen

Die Parteien sollen Klarheit über ihre bewussten und unbewussten Absichten bekommen. Erstarrte Zielvorstellungen sollen gelockert, neue Ziele gefunden werden.

Siegfried Kramer formulierte zu Beginn des Coachingprozesses drei Ziele:

„Es soll eine Nachfolgeregelung gefunden werden, die langfristig funktioniert, damit die Firma weiter existieren kann."

„Die Nachfolger sollen möglichst aus dem Kreis der Familie kommen."

„Die Familien sollen zukünftig wieder miteinander konfliktfrei umgehen können."

Im Verlauf des Konflikts um die Nachfolge wurde ihm klar, dass für ihn das Ziel 1 die höchste Priorität hatte. Um dieses Ziel nicht zu gefährden wurde zumindest Ziel 2 bis auf weiteres aufgegeben.

- Interventionen, die für die Übernahme von Verantwortung sorgen

Die Gegner sollen die Folgen ihres Handelns sehen, anerkennen und dafür Verantwortung übernehmen.

Der Coach bat Siegfried und Georg Kramer darum, die Eskalationsstufe des Konfliktes zu benennen. Beide kamen zu der Einschätzung, dass sich der Konflikt um die Nachfolge bis zur Stufe 6 entwickelt hat.

Der Coach bat dann beide Beteiligten darum, sich geeignete Maßnahmen auszudenken, um den Konflikt auf die nächst höhere Stufe zu treiben. Einer der beiden Brüder dachte sich beispielsweise aus, den Nachfolger des anderen vor der gesamten Belegschaft im Unternehmen bloßzustellen. Die beiden Brüder spielten dann die Konsequenzen dieses Schritts gedanklich durch. Sie übernahmen damit bewusst die Verantwortung für diesen möglichen nächsten Schritt. Diese Intervention könnte mit dazu beigetragen haben, dass der Konflikt nicht über die Stufe 6 hinausging.

2.7. Fazit

Mit Blick auf Konflikte um die Nachfolge in Familienunternehmen betonen wir anhand dieses Falls aus unserer Sicht besonders folgende Aspekte:

- Der Konflikt ist ein eigenes soziales System, das aus den Beteiligten und deren Kommunikation besteht.
- Das Thema Nachfolge ändert die Rahmenbedingungen des sozialen Systems Familienunternehmen. Etablierte Kommunikationsmuster, die bisher dienlich waren, können unter den neuen Vorzeichen nicht mehr weiterhelfen oder eine Lösung sogar verhindern.
- Konflikte um das Thema Nachfolge sind äußerst vielschichtig, weil das System Familie mit dem System Unternehmen eng verwoben ist. Es dient der Sache, diesen Konflikt Schicht um Schicht abzutragen, um ihn zu verstehen. Im Familienunternehmen stoßen permanent die beiden Systeme Familie und Unternehmen aneinander, die einer völlig unterschiedlichen Logik gehorchen. Damit sind Konflikte vorprogrammiert und an der Tagesordnung.
- Es gibt Kräfte, die den Konflikt aufrecht erhalten, sonst würde er sofort erlöschen. Damit ist auch klar, dass der Konflikt zu etwas dient. Er hat einen Nutzen, der die Kosten übersteigt.
- Es geht darum, diesen Nutzen zu erkennen und den Konflikt somit als Chance zur Entwicklung der Beteiligten und des Unternehmens neu zu deuten.

- Voraussetzung dafür ist, dass die Beteiligten die Perspektiven der Gegner erkennen und annehmen. Es ist dabei hilfreich, die „innere Landkarte" des Anderen zu erforschen.
- Voraussetzung ist auch, dass alle Beteiligten ihre Rollen sehen aus denen heraus sie miteinander kommunizieren.
- Erst dann werden Kommunikationsmuster deutlich. Diese sind aufrechtzuerhalten, wenn sie der Sache dienen und aufzulösen, wenn sie dem gemeinsamen Anliegen nicht dienen.
- Einen tiefen Konflikt zur Entwicklung zu nutzen ist ein schwieriger und langfristiger Prozess, der ab einer gewissen Eskalationsstufe kaum ohne Hilfe durch einen neutralen Dritten geleistet werden kann.
- Grundsätzlich birgt jeder Konflikt die Chance zur Entwicklung im Sinne der Sache. Es besteht auf jeder Stufe des Konflikts die Möglichkeit auszusteigen. Er birgt aber auch das Risiko der Eskalation, die schlimmstenfalls zur Vernichtung des Unternehmens oder der Unternehmer selbst führt.
- Ab Stufe 3 bis 4 nach Fridrich Glasl ist die Eigendynamik des Konflikts allerdings so stark, dass ein Ausstieg ohne die Interventionen eines neutralen Dritten nur schwer möglich ist.
- Entscheidend ist, dass die Beteiligten die Konsequenzen ihrer jeweiligen Handlungen erkennen und aktiv die Verantwortung für ihre Rolle in dem Konflikt übernehmen.

3 Michael Jasper: Ein Verhaltensmuster aus der Kindheit prägt das Familienunternehmen

3.1 Erfolg und Misserfolg

Emil Jasper gründete die Firma nach dem Zweiten Weltkrieg in einer Garage mit drei Mitarbeitern. Innerhalb von 20 Jahren hatte er ein mittelständisches Unternehmen mit mehr als 250 Mitarbeitern aufgebaut. Sehr hart hatte er für sich und seine Familie einen gewissen Wohlstand erarbeitet. Viele im Ort grüßten, wenn der Unternehmer in seiner schwarzen Limousine morgens ins Büro gefahren wurde. 250 Familien hingen vom Erfolg und Misserfolg der Emil Jasper GmbH ab.

Im Jahr 1968 übergab er das Unternehmen an seinen Sohn Heinrich, der einige Investitionen tätigte, die nicht die Bedürfnisse der Kunden trafen. Bereits Mitte der Siebzigerjahre war das einst gesunde Unternehmen in ernsten Schwierigkeiten. Zum Entsetzen seines Vaters musste Heinrich Jasper die Hälfte der Belegschaft entlassen. Der Gründer starb vergrämt im Jahr 1978. So erlebte er nicht mehr, dass sein Sohn die Belegschaft in den darauf folgenden Jahren auf nur 50 Personen reduzieren musste.

Heinrich Jasper hatte zusammen mit seiner Frau Martha drei gesunde Söhne: Tilo, Edgar und Michael.

Tilo wurde als ältester Sohn von seinem Vater besonders streng erzogen. Allen war klar, dass Tilo eines Tages die Geschäfte übernehmen würde – außer ihm selbst. Je älter er wurde, desto zorniger lehnte er sich gegen seinen Vater und dessen Zuschreibungen auf. Schließlich verließ er im Alter von 20 Jahren das Elternhaus, ging ins Ausland und wurde dort Journalist.

Edgar war ein extrem schlechter Schüler. Vielleicht signalisierte ihm deshalb sein Vater schon früh, dass er im elterlichen Unternehmen eines Tages nichts zu suchen habe. Obwohl seine Mutter ihn immer wieder ermutigte, war Edgar extrem schüchtern und angepasst. Er studierte Germanistik und wurde freiberuflicher Texter.

Michael Jasper fühlte sich seine ganze Kindheit und Jugend hindurch wenig beachtet. Er hörte seinen Vater mehrfach sagen, dass er, Michael, in erster Linie das Kind seiner Mutter sei. Viel Halt und Orientierung fand er bei seinem Großvater mütterlicherseits, mit dem er fast die ganze Kindheit verbrachte.

Nachdem Ende der Achtzigerjahre endgültig klar war, dass weder Tilo noch Edgar jemals das Unternehmen übernehmen würden, fragte Heinrich schließlich seinen jüngsten Sohn Michael, ob er zu diesem Schritt bereit sei. Dieser sagte grundsätzlich zu, sammelte aber zunächst sieben Jahre Berufserfahrung außerhalb des elterlichen Betriebes.

Nachdem er die Firma 1995 dann übernommen hatte, führte er das Unternehmen innerhalb kürzester Zeit zur alten Blüte zurück. Er heiratete eine attraktive Frau, die ihm einen Sohn schenkte. Mit großer Aufmerksamkeit nahm die Bevölkerung der Kleinstadt zur Kenntnis, dass Michael die elterliche Villa, die Heinrich Jasper hatte veräußern müssen, zurückkaufte und großzügig restaurierte. In der Einfahrt dieses Anwesens parkten bald ein Sportwagen und eine schwarze Limousine. „Der Jüngste hat es wieder hochgebracht", sagten die Leute anerkennend im Ort. Michael Jasper umgab eine Aura von Erfolg und Zufriedenheit.

Doch der Schein trog. Immer stärker spürte er eine starke Belastung, die von dem Unternehmen ausging. Ihn ergriff zunehmend eine diffuse Angst vor der Zukunft. Seine Frau und sein Sohn mussten seit Jahren mit ihren Bedürfnissen hinten anstehen. Viel Lebensqualität war verloren gegangen. Es gab Tage, an denen fühlte sich Michael Jasper völlig kraftlos. Dann dachte er daran, alles hinzuwerfen.

Seine Frau riet ihm schließlich, Unterstützung bei einem Coach zu suchen.

3.2 Der Auftrag an den neutralen Dritten

Zu Beginn des ersten Gesprächs klärte der Coach mit Michael Jasper dessen Anliegen. Die Belastung für ihn und damit auch für seine Familie durch das Unternehmen wurde immer stärker. Anstatt die erzielten Erfolge zu genießen, lud er sich immer noch mehr Verantwortung auf. Dies verstärkte den Druck weiter. Er befürchtete, dass seine Frau ihn mit dem Kind verlassen könnte, wenn sich nichts änderte. Dies hätte für ihn persönlich die größte Katastrophe bedeutet.

Michael Jasper wollte herausfinden, warum er sich soviel Verantwortung aufgeladen hatte und warum er damit nicht zurechtkam. Die Zusammenarbeit mit dem Coach sollte ihm einen alternativen Weg zeigen, mit dem Thema Verantwortung im Familienunternehmen besser umzugehen.

3.3 Michael Jasper regelte alles

Mit dem zweiten Schritt klärte der Coach, für wen und was Michael Jasper die Verantwortung trug. Dabei entstand folgendes Bild:

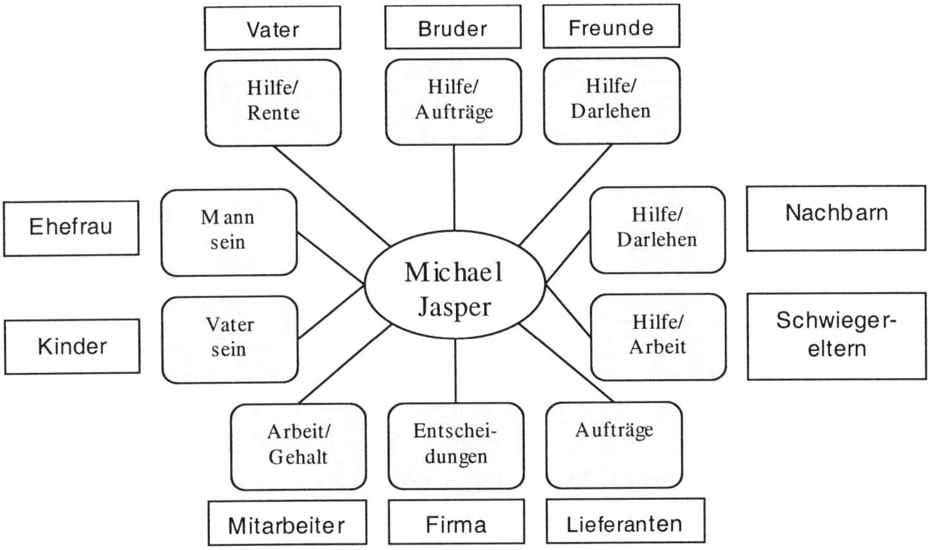

Bild 9: Die Verantwortung, an der Michael Jasper trug

Anhand dieser Darstellung entwickelte sich folgender Dialog zwischen dem Coach und Michael Jasper:

Coach: „Sie tragen für viele Personen und deren Angelegenheiten Verantwortung."

Jasper: „Ja, praktisch für meine ganze Familie, das Unternehmen mit allen Mitarbeitern und Lieferanten und auch für viele Freunde und Nachbarn. Und da hängen ja auch wieder Familien dran."

Coach: „Wie geht es Ihnen damit?"

Jasper: „Überhaupt nicht gut."

Coach: „Warum nicht?"

Jasper: „Weil es mich fast erdrückt, mir die Luft zum atmen nimmt."

Coach: „Wie haben Sie es angestellt, soviel Verantwortung übertragen zu bekommen?"

Jasper: „Ich habe mich vermutlich angeboten. Und die anderen haben es angenommen."

Coach: „Warum bieten sie anderen Personen außerhalb ihrer eigenen Familie an, Verantwortung für sie zu übernehmen?"

Jasper: „Ich weiß nicht genau. Vielleicht weil ich Anerkennung dafür bekomme?"

Coach: „Wenn es jetzt zuviel wird mit der Verantwortung für andere Menschen, wenn es sie erdrückt...was hindert sie daran, Verantwortung abzugeben?"

Jasper: „Ich trage vermutlich das Risiko, Anerkennung zu verlieren."

Coach: „Bei wem könnten sie Anerkennung verlieren ?"

Jasper: „Na bei allen, die ich genannt habe. Darüber hinaus aber auch in der Öffentlichkeit. Bei Lokalpolitikern, den Journalisten, beim Bäcker und beim Metzger. Bei allen eben."

Coach: „Welche Konsequenzen müssen Sie dann tragen?"

Jasper: „Ich verliere vermutlich an positiver Anerkennung, an Wertschätzung durch die genannten Personenkreise."

Coach: „Und was gewinnen Sie?"

Jasper: „Ich gewinne vielleicht Lebensqualität, Zeit für meine Familie und Freude an meiner Arbeit, weil ich auch dafür mehr Zeit habe."

Coach: „Wollen sie diesen Gewinn?"

Jasper: „Ja."

Coach: „Was hindert sie also daran, es einfach zu tun? Warum geben Sie nicht einfach Verantwortung ab?"

Jasper: „Das geht nicht, weil ich ja dann an Anerkennung verliere."

Coach: „Was hindert sie daran, sagen wir 20 Prozent Anerkennung zu Gunsten von 20 Prozent Lebensqualität aufzugeben?"

Jasper: „Ich weiß es wirklich nicht, es geht nicht. Oder ich kann es nicht sehen."

Hintergrund

Der blinde Fleck

Michael Jasper wusste zu diesem Zeitpunkt nicht, warum er auf Anerkennung so dringend angewiesen war. Die Zusammenhänge entzogen sich seiner eigenen Wahrnehmung. Es handelte sich um einen „blinden Fleck". Gemäß des Johari-Fensters, das in Abbildung 10 dargestellt wird, geht es um Aspekte der Persönlichkeit, die der Betroffene selbst nicht sehen kann, die andere Personen hingegen sehr wohl wahrnehmen können. Das Coaching zielt darauf, den blinden Fleck des Coachees zu reduzieren. Er kann Aspekte, die ihm bisher nicht bewusst waren, erkennen und einordnen. Sein Bewusstsein erweitert sich. Dadurch findet er schließlich zu neuen Handlungsoptionen, die ihm bisher nicht zur Verfügung standen. Die Reduktion des blinden Flecks ermöglicht somit persönliche Entwicklung.

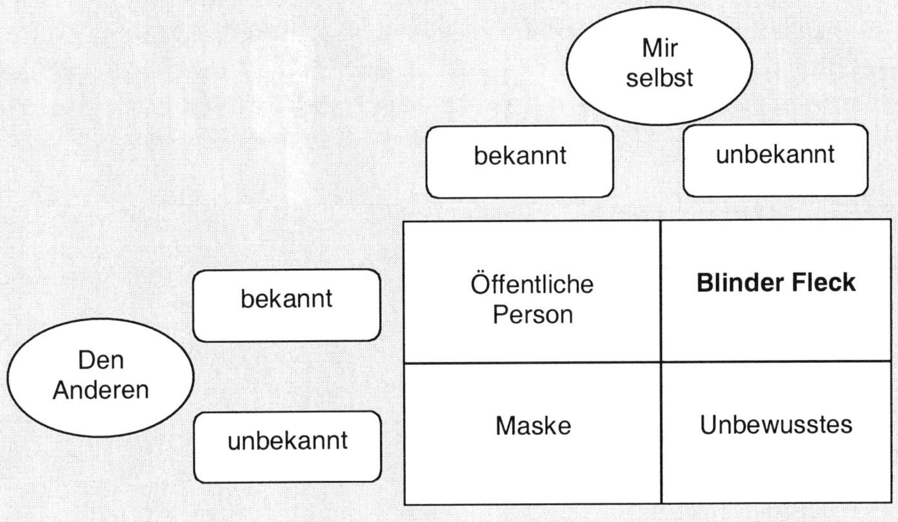

Bild 10: Johari-Fenster nach Joseph Luft und Harry Ingham, University of California

Der Begriff des blinden Flecks kommt aus dem Bereich der Biologie. Im Aufbau des menschlichen Auges gibt es eine Stelle, an der es überhaupt keine Rezeptoren gibt.[10] Dort ist der Mensch blind. Jedoch wird diese Blindheit nur unter sehr speziellen Bedingungen empfunden, denn die blinden Flecken der beiden Augen sind so angeordnet, dass die Rezeptoren des einen Auges das aufnehmen, was das andere nicht sieht. So kann das jeweils andere Auge das Gehirn diese Region nachträglich mit den entsprechenden Informationen „füllen".

Anhand einer einfachen Sehübung kann jedermann feststellen, dass es auch bei ihm selbst einen blinden Fleck gibt. Man betrachtet die beiden Symbole „Stern" und „Kreis", fixiert den „Stern" mit dem rechten Auge, schließt das linke Auge und bewegt das Buch langsam auf das eigene Gesicht zu. Zur Überraschung des Betroffenen verschwindet der Kreis in einem Abstand von ca. 35 cm für einen Moment vollständig. Er ist für den Betrachter nicht mehr wahrnehmbar.[11]

Bild 11: Blinder Fleck

Die Überraschung kommt daher, dass der Betrachter keine Ahnung von diesem blinden Fleck hat. Denn man sieht nicht, dass man nicht sieht.

---

[10] *Zimbardo/Gerrig, „Psychologie", 1999, S.123,*
[11] *Heinz von Foerster, „Einführung in den Konstruktivismus", 2002, S.49*

3.4 Die bisherigen Lebenskurven von Michael Jasper

Mit den nächsten Arbeitsschritten gewann Michael Jasper neue Erkenntnisse hinsichtlich seines blinden Flecks. Dazu forderte der Coach ihn zunächst auf, in einem Koordinatensystem den Grad seines bisherigen beruflichen Erfolgs ins Verhältnis zu seiner bisherigen Lebenszeit zu setzen.

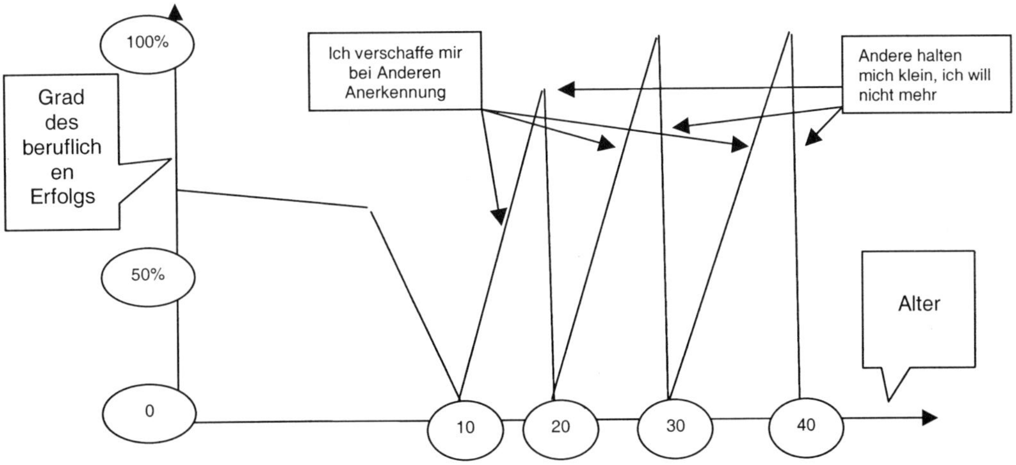

Bild 11: Berufslinie von Michael Jasper

Die Berufslinie von Michael Jasper ergab ein „Sägezahnmuster". Extreme Höhen wechseln sich ab mit extremen Tiefpunkten. Auf den Aufschwung, der jeweils eine Dauer von ungefähr neun Jahren hatte, folgte in einem kontinuierlichen Rhythmus jeweils der Abschwung von ungefähr einjähriger Dauer.

Interessant sind dabei die jeweiligen Wendepunkte. Die unteren Punkte kehren regelmäßig ungefähr alle zehn Jahre wieder und markieren sowohl das Ende eines Absturzes als auch den Beginn der nächsten, erfolgreichen Phase.

Am ersten unteren Wendepunkt hatte Michael Jasper einen absoluten Tiefpunkt in seinen schulischen Leistungen erreicht. Mit sechzehn Jahren verließ er deshalb die Schule und ging in die Lehre. Dort verschaffte er sich schnell eine hohe Akzeptanz bei seinen Vorgesetzten und Kollegen. Dies erreichte er, indem er viel Verantwortung übernahm, die Dinge unter seine Kontrolle brachte und perfekt regelte. Die Vorgesetzten wurden im positiven Sinn auf ihn aufmerksam und übertrugen ihm gerne noch mehr Verantwortung. Er nahm diese an, regelte noch mehr und erhielt noch mehr Akzeptanz.

Parallel zu diesem Prozess entwickelte sich aber ein damit zusammenhängendes, zweites Kommunikationsmuster zwischen Michael Jasper und seinen Kollegen. Je mehr Verantwortung er übertragen bekam, desto mehr ließ er sein soziales Umfeld seine Überlegenheit spüren. Er stellte sich ein klein wenig über seine Kollegen, ließ sie spüren, dass er die Dinge besser regeln konnte als sie. Die Menschen in seinem Umfeld irritierte dies, sie fühlten sich selbst durch seine permanente Aufwertung immer wieder abgewertet. Michael Jasper spürte die Irritation der Kollegen, die ihn wiederum verunsicherte. Unsicherheit aber ist ein Zustand, den er nicht ertragen konnte. Sie bedeutete für ihn in Kontrollverlust, Abhängigkeit und in letzter Konsequenz Ohnmacht. Deshalb bot er seinen Vorgesetzten an, noch mehr Verantwortung zu übernehmen, um noch mehr durch Leistung und gute Ergebnisse gegenüber den Kollegen zu brillieren. Er wertete sich noch weiter auf, was zu weiteren Abwertungen seines Umfelds führte. Es ergab sich somit folgender Teufelskreis[12]:

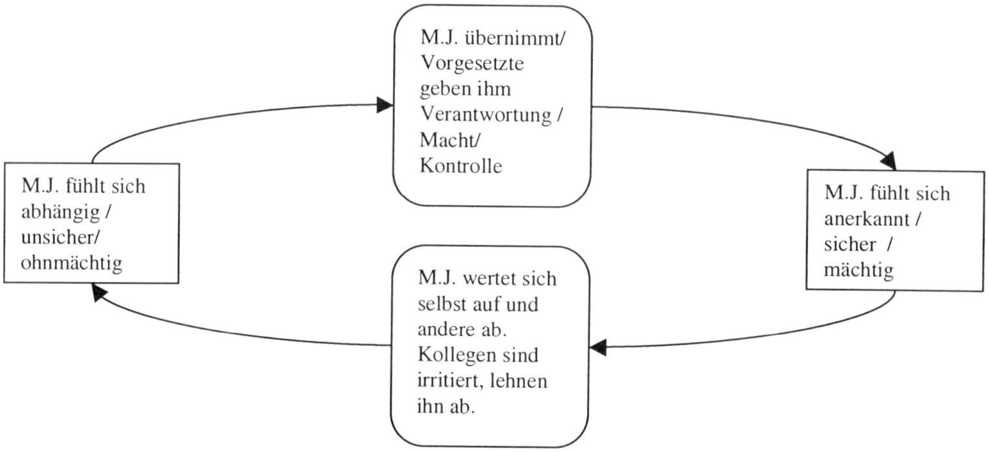

Bild 12: Der Teufelskreis zwischen Michael Jasper, seinen Vorgesetzten und seinen Kollegen

[12] *Maren Fischer-Epe, „Coaching: Miteinander Ziele erreichen", 2003, S. 108*

Hintergrund

Der Teufelskreis

Das Modell des Teufelskreises hilft, verfestigte Konfliktstrukturen zu verstehen. Wenn zwischenmenschliche Verwicklungen eskalieren, neigen die Beteiligten dazu, sich selbst ausschließlich als Opfer zu sehen. Wenn es gelingt, die Wahrheiten aller Beteiligten zu einem Interaktionsmuster zusammenzuführen, kommt man aus der einseitigen Schuldzuweisung heraus. Hinter dem Konflikt liegende Motive werden erkannt, moralisierende Bewertungen werden aufgegeben. Das Modell des Teufelskreises kann dazu beitragen, das Kommunikationsmuster zu überblicken. Idealerweise übernehmen die Beteiligten durch diese Intervention Verantwortung für ihr Verhalten in dem analysierten Muster.

Zwischen Michael Jasper und seinen Kollegen entwickelte sich ein handfester Konflikt, der durch die Vorgesetzten vermutlich unwissentlich geschürt wurde, in dem sie ihm immer mehr Verantwortung überließen. Ab einer bestimmten Eskalationsstufe wurden die Kosten dieses Konflikts für Michael Jasper zu hoch. Er hatte die Anerkennung seiner Kollegen, die seine ständige Überheblichkeit einfach nicht mehr ertragen konnten, längst verloren. Sie begannen damit, ihm zu beweisen, dass er nicht der Größte war. Wo sie nur konnten, ließen sie ihn auflaufen. Auch die Vorgesetzten wurden unsicher und fingen an, Jaspers Macht zu beschneiden. Er stieg aus dem Konflikt aus, indem er kündigte. Seine Vorgesetzten bedauerten dies einerseits, weil Michael viel Verantwortung übernommen und außerordentliche Leistung erbracht hatte. Andererseits waren sie froh, dass nach seiner Kündigung wieder Frieden im Unternehmen herrschte.

Michael Jaspers wurde nach seiner Lehre und ersten Stelle Angestellter in einem mittelständischen Unternehmen. Innerhalb kurzer Zeit wurde er zum Leiter von Marketing und Vertrieb befördert. Auch in dieser Stelle übernahm er viel Verantwortung und erhielt dafür die Anerkennung, nach der er verlangte. Und auch dort ertrugen ihn seine Kollegen irgendwann nicht mehr. Der Konflikt eskalierte nach demselben Muster ein weiteres Mal. Michael fühlte sich ungerecht behandelt und verließ auch seine zweite Stelle.

Mit 30 Jahren trat er in das elterliche Unternehmen ein, das er innerhalb kurzer Zeit zu neuer Blüte führte. Als neuer Gesellschafter und Geschäftsführer nahm er sich sofort die Verantwortung für das Unternehmen. Mit seiner Art, die Dinge anzupacken und seiner unbändigen Energie beeindruckte er Mitarbeiter und Geschäftspartner gleichermaßen. Er brachte die wichtigsten Angelegenheiten innerhalb kürzester Zeit unter seine Kontrolle und erledigte sie perfekt. Dabei stellte er sich selbst absolut in den Mittelpunkt des Geschehens. Je erfolgreicher das Unternehmen wurde, desto mehr ließ er seine Mitarbeiter spüren, dass dies in erster Linie sein persönlicher Verdienst sei. Er überhöhte seine Person gegenüber anderen und kommunizierte entsprechend. Wenn er sprach, stieg er bildlich gesprochen jeweils auf ein kleines Podest. Irgendwann schlug die Stimmung im Unternehmen und auch in der Familie um. Sein soziales Umfeld ging dazu über, ihm die Anerkennung systematisch zu verweigern. Sie konnten und wollten ihn und seine überhebliche, selbstgefällige Art nicht mehr ertragen.

Er selbst fühlte sich zunehmend ungerecht behandelt und damit verunsichert. Er verlor als Folge die Lust daran, das Unternehmen weiterzuführen. Im Gegensatz zu seinen bisherigen beruflichen Stationen war ein Ausstieg aus dem Familienunternehmen jedoch kurzfristig nicht möglich. Gleichwohl erwog Michael Jasper, das Unternehmen zu verkaufen oder zumindest die Geschäftsführung abzugeben. Seine eigene Zukunft, die Zukunft seiner Familie und die des Unternehmens waren zu diesem Zeitpunkt ungewiss.

3.5 Die Auswirkungen der Herkunftsfamilie auf die Nachfolge

Michael Jasper stellte sich an dieser Stelle des Coachings die Frage, warum er immer wieder andere Menschen spüren ließ, dass er grundsätzlich bedeutsamer war als sie selbst. Woher kam sein Impuls, sich selbst auf- und andere abzuwerten? Um den Dingen auf die Spur zu kommen, betrachtete er zusammen mit dem Coach das System seiner Herkunftsfamilie.

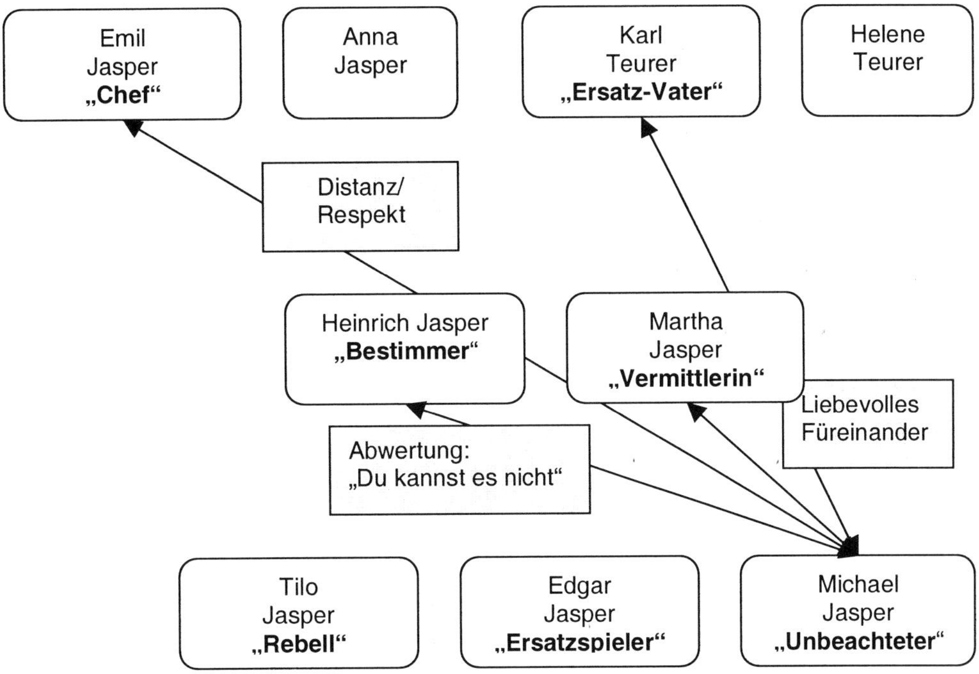

Bild 12: Das System der Herkunftsfamilien Jasper/Teurer

Michael Jasper schrieb aus seiner Sicht den Protagonisten des Systems folgende Rollen zu:

Der Gründer Emil Jasper war „der dominante Chef", dem alle in der Familie respektvoll begegneten. Michael erinnerte sich, dass er stundenlang auf seinen Großvater vor dem Unternehmen gewartet hatte, weil er ihn um einen kleinen finanziellen Beitrag zu einer neuen Schaukel im Kindergarten bitten wollte. Als der Großvater in seiner schwarzen Limousine schließlich vorgefahren wurde, lehnte dieser die Bitte ohne Begründung ab. Als der kleine Michael anderntags in den Kindergarten ging, wurde er von seinen Kameraden und den Kindergärtnerinnen bereits erwartet: Sein Großvater hatte über Nacht eine neue große Schaukel im Kindergarten errichten lassen. Daran war ein Schild angebracht auf dem stand: „Gespendet von der Emil Jasper GmbH".

Seinen Vater Heinrich Jasper beschrieb Michael als „Bestimmer", der immer alles plante und regelte und damit nie Zeit für seine Familie hatte. Mit zwölf Jahren bekam Michael zu Ostern einen Rückspiegel für sein Fahrrad geschenkt. Es wurde Weihnachten, bis der Vater schließlich Zeit fand, um das neue Teil zu montieren. Sein Vater traute Michael nicht viel zu. Oft hörte er die Sätze: „Das wird ja doch nichts" oder „übernimm Dich nicht". Michael reagierte angepasst und dachte bei sich: „Wird schon so sein, wenn der Bestimmer das sagt". Anders reagierten seine beiden Brüder. Tilo war rebellisch und lehnte sich gegen die ihn betreffende Zuschreibung auf. Er verließ das Elternhaus im Trotz und galt seitdem im Familienkreis als glückloser Quertreiber. Edgar wurde von seinem Vater als Ersatzmann für die Nachfolge in der Firma gesehen. Aus Sicht von Michael war dieser aber auch extrem angepasst und weinte viel.

Seine Mutter war für Michael die Vermittlerin zwischen dem Vater und Großvater einerseits und ihren drei Söhnen andererseits. Michael liebte seine Mutter und seinen Opa Karl sehr. Die beiden waren seine Heimat, hier fand er Wertschätzung und Erwiderung. Der Tod seines Opas und vor allem der unerwartete frühe Tod seiner Mutter traf Michael unendlich tief. Ohne sie fühlte er sich völlig hilflos und unsicher. Mit knapp zehn Jahren stürzte er das erste Mal nahezu bodenlos. Er verlor jeden Halt, wurde schlecht in der Schule, fiel durch und schaffte den Sprung ins Gymnasium nicht.

Im weiteren Verlauf des Coachings wurde deutlich, dass sein Großvater Emil und sein Vater Heinrich in der Herkunftsfamilie die wichtigen Personen waren, die für alle anderen gesorgt hatten. Sie hatten sich seinen ältesten Bruder Tilo als Nachfolger auserkoren. Er sollte in der Familie und im Unternehmen eine führende Rolle übernehmen, wollte oder konnte dies aber nicht. Edgar war der Ersatzmann, der es in den Augen des Großvaters und des Vaters aber auch nicht brachte. Michael war in den Augen dieser beiden bedeutsamen Persönlichkeiten von Geburt an unwichtig. Sie hatten ihm nichts zugemutet und auch nichts zugetraut. Michael wurde im Verlauf des Coachings deutlich, dass er nie zu den „wichtigen Personen" gehört hatte. Seine Mutter und deren Vater, die zumindest mit Blick auf das Unternehmen nichts zu sagen hatten, gaben ihm hingegen die nötige Wertschätzung.

Michael Jasper entwickelte mit dem Coach auf der Basis der bisherigen Arbeit folgendes, für ihn stimmiges Modell[13]:

---

[13] *Arnold Midell, „The process science of the dream body, 1985*
Dieter Wartenweiler, Ausbildung zum Management-Coach 2003/2004, intercoaching gmbh, St. Gallen

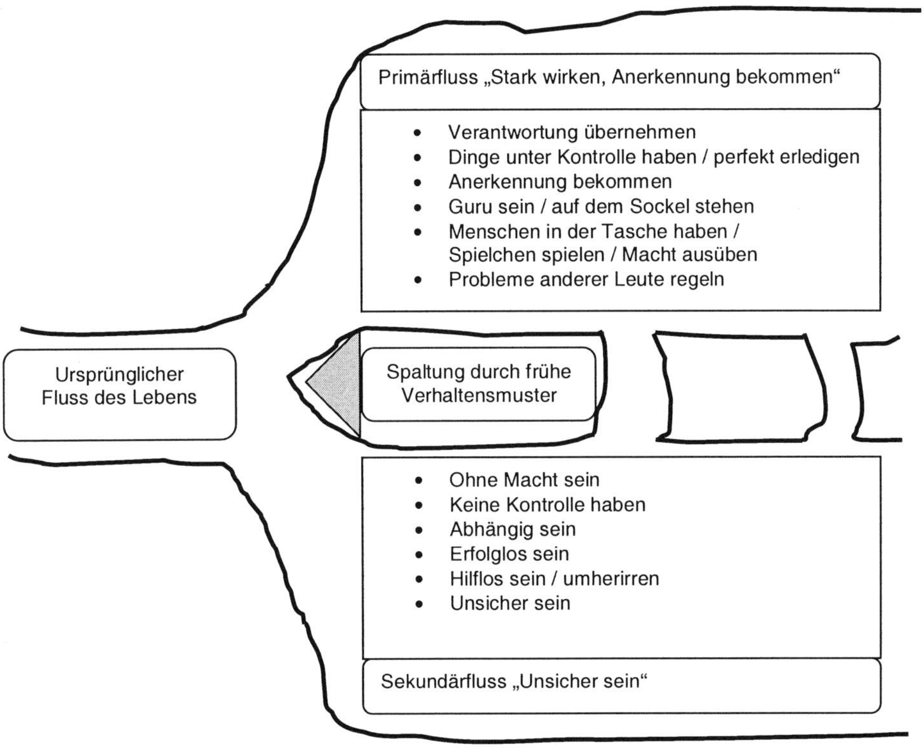

Bild 13: Spaltung in Primär- und Sekundärfluss

Für Michael Jasper wurde nun deutlich, dass er sich bereits in früher Kindheit den Kommunikationsangeboten seiner Umwelt angepasst hatte.

Die beiden wichtigsten Persönlichkeiten des Familiensystems gaben keine Wertschätzung. Ihnen gegenüber hatte er das Gefühl der absoluten Abhängigkeit. Er hatte keine Kontrolle über seine eigenen Angelegenheiten, fühlte sich ohnmächtig und ausgeliefert. Er suchte Zuflucht bei seinem Opa Karl, der ihm Anerkennung gab.

Dem Mangel an Wertschätzung durch den „Chef" und den „Bestimmer" begegnete er, indem er zunehmend auf sich selbst aufmerksam machte. Auf die ständigen Abwertungen reagierte er ganz natürlich mit der Aufwertung seiner eigenen Person: Er gab sich bereits im Kindergarten gegenüber anderen stets ein bisschen größer, als er sich selbst fühlte. Er glaubte, etwas „angeben" zu müssen, um wahrgenommen zu werden. Und weil er sich ein bisschen größer machte als die anderen, trauten diese ihm auch mehr zu. Er holte sich so die Anerkennung seiner Person, die ihm von den wichtigsten Personen seiner Herkunftsfamilie nicht gewährt wurde.

Dieses Muster begleitete Michael Jasper sein bisheriges Leben. Das Gefühl der Ohnmacht wollte er nie mehr spüren. Also begann er Wege zu finden, die ihm Macht über andere gaben. Er regelte die Angelegenheiten von Verwandten, Freunden und Mitarbeitern im Guten und bekam Anerkennung von ihnen und zugleich Kontrolle über sie: Arbeit für die Schwiegereltern im Familienunternehmen, Darlehen für die Nachbarn und Aufträge für den Bruder ließen ihn als wahren Wohltäter erscheinen. „Ich wollte Menschen in der Tasche haben, Spielchen mit ihnen spielen und Macht ausüben", resümierte Michael Jasper am Ende einer Cochingsitzung.

Zusammen mit seinen Mitarbeitern und Geschäftspartnern entwickelte er Verhaltensmuster, die ihm auch bei der Führung seines Unternehmens schnelle Erfolge bescherten. Die Menschen verließen sich gerne auf Michael Jasper, da er sich immer anbot, Verantwortung zu übernehmen. Was er übernahm, regelte er im Sinne der Sache perfekt.

Aber auch im Familienunternehmen kam in der Beziehung zu Geschäftspartnern und Mitarbeitern irgendwann der Wendepunkt: Diejenigen, die sich eben noch gerne auf ihn stützten, erkannten, dass Michael immer und in jeder Situation der Stärkere sein musste. Sie fühlten sich in seiner Gegenwart nicht mehr wohl, spürten ihrerseits permanente Abwertungen durch Michael, der auf dauernde Anerkennung angewiesen war. Und dieses Muster führte auch im eigenen Unternehmen in die Nähe des Absturzes.

3.6 Die weitere Entwicklung

Die systemische Analyse entwickelte als Intervention bei Michael Jasper eine starke Wirkung. Mit Unterstützung des Coaches entwickelte er schrittweise andere Kommunikationsmuster mit seinem sozialen Umfeld. Er gab schrittweise auf, sich selbst permanent ins rechte Licht zu rücken sondern überließ dies gerne anderen. Sein Umfeld reagierte positiv darauf, was ihn wiederum darin bestärkte, diesen Weg fortzusetzen. Auf der formalen Ebene setzte er im Unternehmen einen zweiten Geschäftsführer ein, der ihn im operativen Geschäft entlastete. Er selbst konzentrierte sich als geschäftsführender Gesellschafter auf Schlüsselfunktionen und fand schrittweise mehr Zeit für seine Zielfamilie, was seine persönliche Situation und damit auch das Familienunternehmen weiter stabilisierte.

3.7 Fazit

Dieses Beispiel zeigt ein weiteres Mal, dass das Familiensystem des Unternehmers eng vernetzt ist mit dem System des Familienunternehmens.

Verhaltensmuster, die auf die Sozialisation des Nachfolgers in seiner Herkunftsfamilie zurückgehen, können dessen Kommunikation auch noch zu seinen Geschäftspartnern und Mitarbeitern prägen.

An dem beschriebenen Muster gibt es dem Unternehmen dienliche Aspekte, wie die Übernahme von Verantwortung durch Michael Jasper. Zumindest kurz- und mittelfristig hatte seine Art, die Dinge anzugehen, ja zum Erfolg geführt. Bei Veränderungen ist somit durchaus darauf zu achten, dass das Dienliche an den Verhaltensmustern erhalten bleibt.

An dem Muster gibt es aber auch Aspekte, die langfristig nicht dienen und damit weiter entwickelt werden müssen. Was kurzfristig zum Erfolg führt zerstört sich im Fall Jasper langfristig wieder selbst, wenn er nicht an seinen Beziehungen arbeitet.

Die systemische Analyse dient somit keinesfalls dazu, nach Erklärungen für das eigene Verhalten in der Herkunftsfamilie zu suchen, um sich dann bequem in die Opferrolle zu begeben. Denn diese Haltung ermöglicht keine Entwicklung. Es geht vielmehr darum, dass die Betroffenen die ihnen nicht bewussten Kommunikations- und Verhaltensmuster erkennen und dafür aktiv Verantwortung übernehmen.

4 Unternehmen Schmidt: Das Familiengeheimnis fesselt die Firma

4.1 Der erste Arbeitstag des potenziellen Nachfolgers Toni Schmidt

Toni Schmidt war 27 Jahre alt. Er saß am schweren Schreibtisch seines Großvaters Egon Schmidt, der das Familienunternehmen vor rund fünfzig Jahren gegründet und zu beachtlichem Erfolg geführt hatte. Es war Tonis erster Arbeitstag. Eigentlich wollte er nach dem Studium noch ein MBA in den Staaten absolvieren. Aber dazu kam es nicht, denn sein Vater Rüdiger Schmidt hatte vor wenigen Wochen einen verzweifelten Hilfeschrei ausgestoßen: „Komm sofort ins Unternehmen, ich kann nicht mehr!" Und Toni war dem Ruf seines Vaters so schnell wie möglich gefolgt. Und nun saß er dort, im Büro des Gründers, und sollte in den kommenden Monaten die Führung des Unternehmens mit rund 300 Mitarbeitern übernehmen. Er fühlte sich entschieden zu jung und zu unerfahren für diese Aufgabe.

Sein Vater hatte in den vergangenen 30 Jahren den Erfolg des Unternehmens als geschäftsführender Gesellschafter zusammen mit einigen treuen Führungskräften weiter ausgebaut. Der Markt war in den vergangenen Jahren immer schwieriger geworden, Rüdiger Schmidt war müde. Besonders mitgenommen hatte ihn aber der seit vielen Jahren schwelende Konflikt zwischen ihm und seinem Neffen Richard Schmidt. Diesem gehörten als Minderheitsgesellschafter immerhin 49 Prozent der Firmenanteile und er war ebenfalls im Handelsregister als Geschäftsführer eingetragen. Damit er im Unternehmen nicht zuviel Schaden anrichten konnte, hatte Rüdiger bei dessen Eintritt vor zwanzig Jahren dafür gesorgt, dass er nur die Verwaltung des Personalwesens übernimmt. „Da kann er nicht allzu viel kaputt machen!" soll er damals in vertrautem Kreis über seinen Neffen gesagt haben. Rüdiger war überzeugt davon, dass Richard seiner Rolle als Geschäftsführer bis heute keinesfalls gerecht wurde.

Rüdiger Schmidt setzte sich zu seinem Sohn und gab ihm an dessen erstem Arbeitstag folgende Gedanken mit auf den Weg: „Toni, ich weiß, dass Du Dich jetzt erst einmal durchbeißen musst. Es ist wichtig, dass unsere Mitarbeiter dich respektieren. Und das musst Du Dir hier im Unternehmen ganz alleine verdienen. Ich unterstütze Dich nach Kräften. Aber Du bist es, der sich hier die Sporen in den nächsten Monaten und Jahren verdienen muss. Wie besprochen, werde ich mich aus dem Unternehmen zurückziehen, sobald ich sehe, dass es läuft. Und sieh zu, dass Du Deinen Onkel

Richard mitziehst. Ich habe es nicht fertig gebracht, aus ihm einen Geschäftsführer im Sinne deines Großvaters zu machen!"

„Vater", antwortete Toni, „auch ich will alles tun, was in meiner Kraft steht. Aber ich stehe vor einer für mich riesigen Aufgabe. Deshalb bin ich dafür, dass wir einen externen Coach hinzuziehen." Rüdiger Schmid stimmte diesem Vorschlag zu. Vielleicht gelang es ja einem Berater, aus seinem Neffen Richard einen anständigen Unternehmer zu machen.

4.2 Kein eindeutiger Auftrag an den neutralen Dritten

„Mein Name ist Rüdiger Schmidt, Sie sind Berater, mein Sohn hat Sie eingeladen, ich will hören, was Sie mir zu sagen haben!" Der Tonfall des Unternehmers wirkte auf den Coach abweisend, ja feindselig.

Er wendete sich deshalb zunächst an dessen Sohn Toni, um diesen zu fragen, warum er als Coach eingeladen worden sei. Dieser sprach sehr ausführlich darüber, dass er ganz allgemein sehr viel von prozessorientierter Beratung und von Coaching halte.

Als der Coach nach einem konkreten Anliegen fragte, antwortete Rüdiger Schmidt: „Ich kann Ihnen genau sagen, was los ist: Die Marktbedingungen für dieses Unternehmen haben sich in den letzten Jahren immer weiter verschlechtert und werden auch nicht besser werden. Also, Sie sind der Berater. Sagen Sie mir, was ich tun soll, um auch zukünftig an Aufträge zu kommen."

Der Coach fragte: „Lautet so Ihr Auftrag? Soll ich Ihnen als gestandenem Unternehmer, der in seinem Markt erfolgreich zuhause ist, wirklich sagen, was Sie zu tun haben? Würden Sie mir das glauben und es anschließend auch tun? Rüdiger Schmidt lachte und antwortete: „Wohl kaum."

Sein Sohn mischte sich sichtlich nervös ein:„ Vater, hier geht es doch um etwas ganz anderes. Wir haben Schwierigkeiten mit ein bis zwei Führungskräften und dazu hätte ich gerne ein Coaching. Und außerdem will sich mein Vater so schnell wie möglich aus dem Unternehmen zurückziehen und wir wissen noch nicht, wie das konkret gehen soll."

„Also geht es um die Begleitung des Generationswechsels zwischen Ihnen und Ihrem Sohn?", wendete sich der Coach an Rüdiger Schmidt.

„Wenn mein Sohn Ihre Unterstützung haben möchte soll er sie bekommen. Vorausgesetzt, wir können Sie bezahlen. Und vorausgesetzt, dass mein

Neffe Ihrer Beauftragung zustimmt." Richard Schmidt wurde gerufen und durch seinen Onkel und seinen Cousin kurz über den bisherigen Verlauf des Gesprächs informiert. „Stimmst Du einer Begleitung durch den Coach zu?", fragte Toni Schmidt. „Mir bleibt ja wohl nichts anderes übrig", antwortete dieser.

Hintergrund

Widerstand

In diesem Fall war es für den Coach nicht möglich, in einem ersten Gespräch das eigentliche Anliegen seiner Klienten eindeutig zu klären und damit einen klar abgegrenzten Auftrag von allen Beteiligten zu erhalten. Er interpretierte den von ihm auf Seiten von Rüdiger und Richard Schmidt empfundenen Widerstand als mögliches Symptom dieses Systems.

Widerstand wird im psychoanalytischen Zusammenhang definiert als Unwilligkeit oder Unfähigkeit, über bestimmt Wünsche, Vorstellungen oder Erfahrungen zu sprechen.[14] Der Coach misst ebenso wie der Psychoanalytiker Themen, über die ein Klient nicht sprechen möchte, besondere Bedeutung bei. Solche Widerstände werden als Schranke zwischen dem Bewussten und dem Unbewussten betrachtet.

Systemische Coaches gehen davon aus, dass Klientensysteme sich durch Widerstand schützen, um ihre eigene Existenz zu sichern. Dieses Verhalten ist sinnvoll und ist unbedingt zu respektieren.[15]

Im Erstgespräch mit der Familie Schmidt wurde deutlich, dass das Thema „Nachfolge" in diesem System zumindest dritten Personen gegenüber nicht offen angesprochen wurde. Es war zu vermuten, dass dies für die Familie zumindest zu diesem Zeitpunkt und in dem beschriebenen Kontext durchaus sinnvoll war.

Deshalb nahm der Coach in diesem Fall den Auftrag an, auch wenn er noch nicht eindeutig definiert war. Zu diesem Zeitpunkt war klar, dass nur Toni Schmidt einen Auftrag erteilt hatte. Rüdiger und Richard Schmidt würden den Coach zumindest zu Beginn des Prozesses allenfalls dulden.

---

[14] *Zimbardo / Gerrig, „Psychologie", 1999, S. 650*
[15] *Mücke, „Probleme sind Lösungen", 2001, S. 123*

Der Coach entschied sich, mit dem nächsten Arbeitsschritt erneut eine Auftragsklärung mit den drei beteiligten Familienangehörigen vorzunehmen. In einem Workshop wurden die Erwartungen an eine Zusammenarbeit mit dem Coach besprochen. Es ergaben sich folgende Punkte:

- Kommunikation zwischen uns verbessern.
- Uns alle zur Selbständigkeit motivieren.
- Ziele und Wege für die Zukunft des Unternehmens finden.

Besonders Rüdiger Schmidt erwartete vom Coach weiterhin „Rezepte und Empfehlungen". Auffällig waren einige Botschaften, die er an seinen Neffen Richard adressierte:

- „Du musst als Unternehmer einen überdurchschnittlichen Arbeitseinsatz bringen."
- „Dazu gehört auch, an den Wochenenden und gegebenenfalls nachts zu arbeiten."
- „Kontrolle ist eben auch bei Führungskräften notwendig. Du musst überall prüfen, nachschauen, überraschend hinter den Leuten stehen und Dir ihre Arbeit zeigen lassen."
- „Zugleich musst du die Mitarbeiter pflegen und hegen."

Das Gespräch verlief zwischen den Familienmitgliedern äußerst lebhaft. Sie gingen sehr ungeduldig miteinander um, besonders Richard wurde von Rüdiger häufig angegriffen. Ein vermutlich seit langem schwelender Konflikt begann aufzuflackern.[16]

Es wurde noch deutlicher, dass Rüdiger Schmidt mit seinem Neffen Richard unzufrieden war. Aus seiner Sicht füllte er die Rolle des Geschäftsführers nicht aus. Vermutlich deshalb klagte er im Laufe des Gesprächs immer wieder anderes Verhalten von Richard ein. Rüdiger machte zunehmend deutlich, dass Richard an einem Platz saß, für den er nicht kompetent genug war. In der Literatur wird diese Situation als Nepotismus beschrieben[17].

Richard Schmidt gehörte dem Unternehmen seit zwanzig Jahren an und seit seinem Einstieg nannte er sich Geschäftsführer. Der Coach fragte sich selbst nach dem Gespräch, warum Richard nach zwanzig Jahren immer noch Geschäftsführer war, wenn Rüdiger als Mehrheitsgesellschafter ihn offenbar für ungeeignet hielt.

---

16 *Annegret Hugo-Becker und Henning Becker, „psychologisches Konfliktmanagement", 2000, S. 103 f.*

17 *Astrid Schreyögg, „Konfliktcoaching", 2002, S. 259 f.*

Der Eindruck des Coaches war, dass von den Beteiligten zwar vieles gesagt, aber weiterhin das Wesentliche verschwiegen wurde. Auch nach dem zweiten Gespräch gab es keinen eindeutigen Auftrag.

Hintergrund

Nepotismus

Kets de Vries schreibt zum Begriff des Nepotismus[18]: „Es handelt sich um Situationen, in denen die Familienlogik das Rationale überrollt. Dann werden unfähige oder unqualifizierte Familienmitglieder auf wichtige Positionen im Unternehmen gehievt. Sie können ihre Position aber nur ausfüllen, wenn angestellte Mitarbeiter der Firma sie tatkräftig unterstützen. Dabei erwarten Familienmitglieder fast grundsätzlich ein Entgegenkommen von Nicht-Familienmitgliedern. Andernfalls erleiden die Mitarbeiter Nachteile oder befürchten zumindest solche. Dies aber führt dazu, dass sich die helfenden Mitarbeiter strukturell gekränkt fühlen: „Nur weil der hier zur Familie gehört, bekommt der solch eine Position." Angesichts derartiger Situationen wird es vor allem schwierig, qualifizierte Führungskräfte in der Firma zu halten.

4.3 Macht und Ohnmacht

Während des nächsten Arbeitsschrittes entwickelte sich zwischen dem Coach und Rüdiger Schmidt unter anderem folgendes Gespräch:

Coach: „Während unseres letzten Gesprächs haben Sie, Rüdiger, ihrem Neffen Richard viele Tipps zur Führung der Mitarbeiter gegeben..."

Rüdiger: „Ja, die braucht er auch. Mein Neffe ist kein Unternehmer, er sieht die Dinge nicht so wie ich. Er verwaltet hier nur die Personalakten."

Richard: „Du hast mich ja von Anfang an nicht mehr machen lassen. Du kannst ja nicht loslassen. Und im Übrigen kannst Du meinen Bereich überhaupt nicht beurteilen."

Coach: „Bedeutet dies, dass Sie, Richard, hier einen guten Job machen? Wie würden die führenden Mitarbeiter Ihres Unternehmens die Situation beurteilen, wenn wir diese fragen?"

---

[18] *Kets de Vries, „Family Business, Human Dilemmas in the Family Firms", 1996*

Richard: „Die würden dies bestätigen. Denen geht es doch ganz genauso wie mir, die dürfen ja auch nichts alleine entscheiden. Mein Onkel Rüdiger kontrolliert hier alles und jeden, wirkt überall hinein."

Rüdiger: „Wenn ich mich nicht kümmern würde, wäre hier längst alles den Bach runter. Letzte Nacht war wieder die Werkshalle offen. Wenn ich sie nicht verschlossen hätte. . . Warum gehst Du nicht nachts noch einmal über den Platz und kontrollierst? Das gehört auch dazu, wenn man Unternehmer sein will! Ich habe den für meine Nachfolge geeigneten Mann in diesem Unternehmen noch nicht gefunden!"

Coach: „Toni, laut früherer Aussage Ihres Vaters könnten Sie der zweite zukünftige Mann in diesem Unternehmen werden. Vorausgesetzt alles klappt: Wie wollen Sie denn das Unternehmen eines Tages führen?"

Toni: „Mein Vater führt sehr stark über persönliche Präsenz, über Kontrolle. Ich will das Unternehmen eher vom Markt her über Ziele führen. Wir brauchen eine klare Strategie, die dann von den Mitarbeitern umgesetzt werden muss."

Rüdiger: „Dazu will ich sagen, dass ich meinen Sohn in die Firma geholt habe. Ich habe entschieden, dass er kein MBA in den Staaten macht, sondern nach der Uni gleich hier anfängt. Es ist in Ordnung, wenn er hier neue Gedanken hineinträgt, aber er muss sich damit auch mir gegenüber beweisen."

Coach: „Und sie Richard? Wie stellen Sie sich die Zusammenarbeit mit Toni eines Tages vor?"

Richard: „Das alles höre ich von Toni zum ersten Mal. Es klingt sehr theoretisch. Wenn ich nicht hinter dem stehe, was er vorhat, wird er in diesem Unternehmen sowieso scheitern."

Coach: „Wie meinen Sie das?"

Richard: „Kann ich nicht sagen. Ich bin kein Mensch, der plant. Man muss entscheiden, wenn die Dinge konkret werden."

Nach diesem Gespräch bildete der Coach folgende, erste Arbeitshypothesen:

- Richard hatte seine Rolle in zwanzig Jahren nicht gefunden -

Richard war nicht in seiner Rolle als Geschäftsführer. Formal gesehen war er Leiter des Personalwesens. Um diese Position zu erfüllen brauchte er nicht die Funktion des Geschäftsführers. Gegenüber Rüdiger konnte er sich offenbar nicht durchsetzen. Faktisch arbeitete er in einem geschützten Raum, denn als Gesellschafter war er laut Gesellschaftervertrag auch als Geschäftsführer unkündbar.

- Richard hatte die Macht, Toni zu verhindern -

Auf Fragen nach seiner Zukunft äußerte sich Richard nur unverbindlich, legte sich nicht fest, hielt sich alle Optionen offen. Er konnte zumindest theoretisch laut Vertrag als Minderheitsgesellschafter alle Entscheidungen des Mehrheitsgesellschafters boykottieren. Dieser Macht, die er auch gegenüber dem potenziellen Gesellschafter Toni hatte, war sich Richard sehr wohl bewusst.

- Rüdiger erteilte dem Coach einen geheimen Auftrag -

Rüdiger schien hinsichtlich der Beziehung zwischen seinem Sohn Toni und seinem Neffen Richard sorgenvoll alarmiert. Von Seiten des Rüdiger konnte es deshalb zu einem geheimen Auftrag an den Coach kommen: Sorge entweder dafür, dass Richard ein anständiger Unternehmer in meinem Sinn wird oder verdeutliche ihm wenigstens, dass er selbst keine brauchbare Alternative zu Toni sein kann. Sorge dann dafür, dass Richard meinen Sohn Toni nicht verhindert.

- Rüdiger verhinderte unbewusst, dass andere in die Verantwortung gingen -

Rüdiger führte nahezu zwanghaft im Unternehmen ständig Kontrollen durch.[19] Damit verhinderte er vermutlich, dass die Personen in seinem Umfeld in die Verantwortung gingen. Dadurch waren weitere Kontrollen notwendig. Diese ständige Kontrolle schaffte sich vermutlich selbst ihren Nährboden und trug so zu ihrer eigenen Legitimation bei. Es schien sich um einen Teufelskreis zu handeln, der näher zu explorieren war.

Verhinderte Rüdiger auch unbewusst, dass Richard in die Verantwortung ging? Wollte er dafür sorgen, dass Richard ihm selbst und seinem Nachfolger nicht wirklich gefährlich werden konnte? Wollte er, dass alles so blieb, wie es sein Vater Egon Schmidt gewollt hatte?

Astrid Schreyögg schreibt: „Erfahrungsgemäß bleiben Firmengründer immer ängstlich, ob das Geschaffene von den Nachfolgern auch bewahrt wird. Und eigentlich leitet sie die Sehnsucht, dass alles so bleiben soll, wie sie es

---

[19] Astrid Schreyögg, „Konfliktcoaching", 2002, S. 269

geschaffen haben...Ihre Söhne oder Töchter bleiben im Vergleich zum Vater meist viel blasser. Und wenn sie in die Firma einsteigen, werden sie von den Mitarbeitern schnell in einer Second-Best-Position wahrgenommen und vom Vater ohnedies vorzugsweise als Assistent eingesetzt."

- Rüdigers Leidensdruck war noch nicht groß genug, um wirklich auszusteigen -

Dem Coach gab der Satz: „Ich habe den für meine Nachfolge geeigneten Mann in diesem Unternehmen noch nicht gefunden" von Rüdiger Schmidt stark zu denken. Konnte er Andersartiges wirklich ertragen? [20] Er wollte oder konnte vermutlich erst die Verantwortung abgeben, wenn er ein Abbild von sich selbst im Unternehmen geschaffen hatte. Wollte er sich wirklich zurückziehen? Oder kokettierte er nur mit seinem Rückzug und schraubte seine Erwartungen an den Nachfolger so hoch, dass diese nie zu erfüllen waren? Was brauchte Rüdiger Schmidt, um loslassen zu können? Musste sein Leidensdruck erst unerträglich werden?

Hintergrund

Kontrollsucht

Astrid Schreyögg schreibt zum Thema Kontrollsucht in Familienunternehmen: „Familienunternehmer neigen dazu, alles kontrollieren zu wollen. Bei manchen von ihnen kann sich das zu einer regelrechten Kontrollsucht auswachsen. Kets de Fries vermutet vor dem Hintergrund seiner Beratungserfahrungen, dass die meisten von ihnen wohl schlechte Erfahrungen mit dem eigenen Vater gemacht haben und nun jeder Autorität grundsätzlich skeptisch gegenüberstehen. Dabei handelt es sich im psychoanalytischen Verständnis um negative Vaterübertragungen, die oft schon der Motor zur Gründung des eigenen Unternehmens waren: „Dann bin ich eben mein eigener Chef und niemandem Rechenschaft schuldig."

[20] *Thomas Siefer, „Du kommst später einmal in die Firma", 1996, S. 139*

4.4 Das Familiengeheimnis

Der nächste Arbeitsschritt war ein Gespräch zwischen dem Coach und Rüdiger Schmidt und diente dazu, einige der beschriebenen Arbeitshypothesen auf ihre Validität zu prüfen.

Coach: „Sie sagen, dass Sie aus der Verantwortung aussteigen wollen. Bitte beschreiben Sie mir ihr Leben nach dem Ausstieg."

Rüdiger: „Die Zahlen sind gut und meine Leute sind zufrieden. Ich werde die Firma solange ich lebe natürlich weiter kontrollieren."

Coach: „Sind Sie dann ausgestiegen?"

Rüdiger: „Ja, sicher. Ich kann ja aussteigen und trotzdem weiter alles kontrollieren. Das erwarten ja meine Leute auch von mir."

Coach: „Aha. Was machen Sie danach, wenn Sie aus dem operativen Geschäft ausgestiegen sind?"

Rüdiger: „Ich werde viel Zeit auf meiner Yacht verbringen, weite Törns machen. Eben das, wozu ich während der vergangenen dreißig Jahre fast nicht gekommen bin."

Coach: „Dann sind Sie einige Wochen nicht hier vor Ort. Wie wollen Sie dann das Geschehen kontrollieren? Was brauchen Sie, um sagen wir einmal von Hamburg nach Athen segeln zu können?"

Rüdiger: „Einen fähigen Mann im Unternehmen."

Coach: „Und wie sieht der aus?"

Rüdiger: „Er müsste so sein wie ich. Mit viel Gespür für Chancen, dem siebten Sinn für das große Geschäft. Er müsste rund um die Uhr für die Firma da sein. Ein Fachmann mit Charisma, Ausstrahlung und Persönlichkeit. Hart aber herzlich lautet die Devise. Ein Unternehmer, der Bäume ausreißt, wenn es sein muss. Einer der Eigeninitiative hat und Verantwortung trägt. Einer, der mehr bewegt als alle anderen. Und er müsste eine vertrauensvolle Beziehung zu mir haben."

Coach: „Danke für diese ausführliche und ehrliche Beschreibung. Wie hoch ist die Wahrscheinlichkeit, dass sie diesen Typ finden?"

Rüdiger: „Derzeit: Null."

Coach: „Nach meiner Wahrnehmung haben Sie sich jetzt gerade selbst so beschrieben, wie sie sich sehen. Wollen Sie denn wirklich aussteigen? Ich kann es kaum glauben. Ich vermute vielmehr, Sie wollen lieber hier bleiben und alles weiter kontrollieren. Die Segelyacht wollen Sie noch warten lassen."

Rüdiger: „Das stimmt nicht, ich will aufhören. Aber ich kann nicht gehen, denn dann bricht hier alles zusammen. Die Führung der Mitarbeiter liegt heute zu 99 Prozent bei mir. Wissen Sie, so ein Familienbetrieb ist wie eine Familie, die eine Seele braucht. Mein Sohn Toni ist ein geeigneter Nachfolger, aber er ist noch viel zu jung und viel zu unerfahren. Der braucht doch mindestens noch fünf Jahre, ehe er soweit ist."

Coach: „Ihr Neffe ist doch auch Geschäftsführer. Wenn Sie aussteigen wollen, kann er doch zusammen mit Ihrem Sohn die Mitarbeiter führen."

Rüdiger: „Mein Neffe ist kein Unternehmertyp. Abends und an den Wochenenden steht er nicht zur Verfügung. Außerdem hat er Angst vor meinem Sohn, denn der könnte ihm das schöne Leben, das er heute hat, zur Hölle machen. Mein Neffe entzieht sich außerdem meiner Kontrolle."

Coach: „Ehe wir auf Richard zu sprechen kommen möchte ich noch einmal wissen, was sie genau brauchen, um loslassen zu können..."

Rüdiger: „Ich brauche als Nachfolger einen Fachmann, der andere Menschen führt und ein Unternehmertyp ist."

Coach: „Muss der genauso sein wie Sie?"

Rüdiger: „Nein, aber es muss funktionieren. Dann kann er auch anders sein."

Coach: „Danke. Wir können jetzt gerne über ihren Neffen sprechen."

Rüdiger: „Zu meinem Neffen muss ich ihnen jetzt etwas anvertrauen, das bitte unter uns bleibt. Niemand im Unternehmen weiß davon. Meine jüngere Schwester Margarete hatte zu Beginn der Sechzigerjahre im Alter von fünfzehn Jahren ein Verhältnis mit einem zweiundzwanzigjährigen amerikanischen Soldaten. Sie wurde gleich zu Beginn dieser Beziehung schwanger. Unsere Eltern hatten ihr die Beziehung zu dem Amerikaner untersagt. Als mein Vater erfuhr, dass Margarete schwanger war, flippte er völlig aus. Heute denke ich, er war einfach entsetzt und auch tief enttäuscht von seiner Tochter. Er war mit dieser Situation als Vater und erst recht als Unternehmer völlig überfordert. Sie dürfen nicht vergessen, dass die gesellschaftlichen Verhältnisse in den Sechzigerjahren anders waren als heute. Das uneheliche Kind der fünfzehnjährigen Tochter eines Unternehmers galt gesellschaftlich als schwerer Makel. Unser Vater hatte eine unbändige Wut auf diesen Soldaten. Meiner Schwester wies er die Tür. Sie nahm dies wörtlich und ging einfach so, ohne sich von uns zu verabschieden. Auch sie muss zutiefst verletzt gewesen sein. Damals wurde die Polizei eingeschaltet, aber Margarete war verschwunden und blieb verschwunden. Meine Eltern fanden heraus, dass der Soldat in seine Heimat zurückgekehrt war. Weitere Recherchen über die amerikanischen Behörden erwiesen sich als wenig ergiebig. Uns wurde nur mitgeteilt, dass er aus der Armee ausgeschieden und unbekannt verzogen war. Meine Mutter reiste damals in die Staaten, um ihr Kind zu suchen. Vergeblich.

Und eines Tages, nach fast drei Jahren, stand sie wieder vor unserer Tür. Ich freute mich, aber meine Eltern waren fassungslos. Als erstes fragten sie nach ihrem Kind. Margarete erzählte, dass sie es dem Vater gelassen habe, jetzt, da die Beziehung vorbei sei. Stellen Sie sich das vor: Eine Mutter, die ihr eigenes Kind im Stich lässt. Am nächsten Tag flog mein Vater mit Margarete in die Staaten. Drei Tage später kamen sie mit dem gut zweijährigen Richard zurück. Fragen Sie mich nicht, wie mein Vater das hinbekommen hatte. Es wurde nie darüber gesprochen. Der Rest der Geschichte ist leider schnell erzählt: Nachdem er das Kind hatte, warf mein Vater Margarete erneut hinaus. Aber diesmal richtig. Er zahlte ihr eine Abfindung und enterbte sie notariell. Die beiden hatten bis heute nie wieder Kontakt. Richard wuchs praktisch unter meiner Aufsicht auf. Ich habe dafür gesorgt, dass er zurechtkam. Mit fünfzehn Jahren hatte er erstmalig Kontakt zu seiner Mutter, den ich für ihn hergestellt hatte. Die beiden konnten aber nichts miteinander anfangen. Als ich Ende Zwanzig war, übertrug mir mein Vater 51 Prozent des Unternehmens und die Geschäftsführung. Nach seinem Studium erhielt Richard die restlichen 49 Prozent der Firma. Und auch er wurde zum Geschäftsführer ernannt. Ich war damals froh, dass er kam, um mich zu entlasten. Ich gab ihm zunächst die Verwaltung des Personalwesens, weil er dort nicht viel falsch machen konnte. Die ersten Jahre habe ich ihn einfach machen lassen und es ging gut. Und irgendwie ist es dabei bis heute geblieben. Natürlich hat er die Rolle des Geschäftsführers nie ausgefüllt. Aber Probleme gibt es erst, seit ich selbst das Unternehmen verlassen will und seit mein Sohn da ist. Ich habe Toni geholt, weil ich das Unternehmen doch unmöglich dem Richard überlassen kann. Ich denke, dass ich in gewissen Dingen versagt habe. Hätte ich strenger mit ihm sein sollen? Habe ich ihn zu lange machen lassen?"

Der Coach schlug eine Pause vor, um die Informationen selbst einordnen zu können. Nun erklärte sich der Widerstand, der besonders bei Richard, aber auch bei Rüdiger spürbar gewesen war. Die Arbeitshypothesen hatten sich nun weitgehend als tragfähig erweisen:

Es wurde spürbar, warum Richard in zwanzig Jahren seine Rolle nicht gefunden hatte. Ihm fehlten die Eltern, er war Zeit seines Lebens entwurzelt.

Richard war von seinem Großvater trotzdem oder gerade deshalb mit Macht ausgestattet worden. Laut Gesellschaftervertrag konnte er mit seinem Veto von der anderen Seite vorgeschlagene Investitionen verhindern. Diese Macht konnte er theoretisch einsetzen, um Rüdiger oder auch Toni, als zukünftigen Mehrheitsgesellschafter, zu boykottieren.

Vor diesem Hintergrund war es ziemlich wahrscheinlich, dass Rüdiger tatsächlich einen geheimen Auftrag an den Coach hatte. Es ging dabei vermutlich um den Schutz von Toni.

Es war plausibel, dass Rüdiger und Richard ein Verhaltensmuster entwickelt hatten, das verhinderte, dass Richard in den zwanzig Jahren Verantwortung übernahm.

Aus der Sicht von Rüdiger war es absolut nachvollziehbar, dass er sich nicht zurückziehen konnte, selbst wenn der Leidensdruck schon sehr hoch sein sollte.

Klar wurde auch, dass im Sinne von Kets de Fries die Familienlogik die Logik des Unternehmens überrollt hatte. Richard wurde aus familiären Gründen zum Geschäftsführer ernannt, obwohl er sich dafür nicht qualifiziert hatte. Ebenso war es Rüdiger ergangen, der sich allerdings im Unternehmen und am Markt behauptet hatte. Rüdiger seinerseits hatte seinen Sohn Toni als potenziellen Nachfolger ernannt, der seine Qualifikation bis dahin auch noch nicht unter Beweis gestellt hatte.

Der Coach nahm sich für das weitere Gespräch mit Rüdiger vor, dessen Haltung gegenüber Richard und Toni zu explorieren.

Coach: „Danke dafür, dass Sie mir die Zusammenhänge erläutert haben. Jetzt kann ich die Situation in Ihrer Familie und Ihrem Unternehmen viel besser einschätzen. Wenn Sie jetzt bitte an Ihren Neffen Richard, Ihren Sohn Toni und das Unternehmen denken: Welche Absicht verfolgen Sie wem gegenüber?"

Rüdiger: „Im Grunde habe ich drei Kinder: Meinen Sohn, meinen Neffen und die Firma. Ich habe für alle drei Fürsorge übernommen."

Coach: „Fürsorge an sich ist in unserer Gesellschaft sehr positiv besetzt. Wohin hat Sie ihre Fürsorge geführt?"

Rüdiger: „Mitten hinein in den Konflikt mit mir selbst."

Coach: „Bitte erklären Sie mir dies genauer."

Rüdiger: „Für mich stellt sich die Frage, ob ich für alle drei gleichermaßen gut sorgen kann. Wenn ich gut für den Richard sorge, ist das zum Beispiel nicht gut für die Firma."

Coach: „Wie meinen Sie das?"

Rüdiger: „Ja, wenn ich gut für den Richard sorge, lasse ich ihn einfach so weitermachen bei gleichen Bezügen. Ich verändere einfach nichts, höre auf ihm zu sagen, was er zu tun hat. Aber damit sorge ich nicht gut für das Unternehmen, denn hier nimmt den ja schon lange keiner mehr ernst. Wissen sie, die Leute merken das doch, dass der kein richtiger Geschäftsführer ist. Mit einem meiner besten Mitarbeiter habe ich schon Schwierigkeiten deswegen. Die haben keine Angst vor dem Richard, der kontrolliert ja auch nicht."

Coach: „Wie könnte Ihre Fürsorge für Richard denn anders aussehen? Vielleicht gibt es ja noch einen anderen Weg, gut für ihn und gut für das Unternehmen zu sorgen."

Rüdiger: „Sagen Sie es mir, Sie sind doch der Coach. Sagen Sie mir, was ich tun soll, dann werde ich danach handeln."

Coach „Dafür bin ich als Coach nicht verantwortlich. Ich lade Sie ganz herzlich zu einem weiteren Gespräch ein, in dem Sie mit meiner Unterstützung für sich selbst neue Wege finden können."

Hintergrund

Verantwortung von Coach und Coachee

Der Coach übernimmt die Verantwortung für den Beratungs- bzw. Coachingprozess, nicht aber für das Ergebnis. [21]

Dies bedeutet, dass er den Coachee dabei unterstützt, neue Gedanken zu entwickeln und zu erproben. Er schützt ihn vor destruktiver Kritik, die er an sich selbst übt oder durch andere erfährt. Und der Coach gibt dem Cochee die Sicherheit, dass ein neuer Referenzrahmen ihn nicht orientierungslos werden lässt, sondern ihm im Gegenteil neue Orientierung gibt. Er erhält die Sicherheit, dass Probleme nicht nur aufgedeckt, sondern auch kompetent bearbeitet werden.

Der Coachee ist grundsätzlich autonom. Dies bedeutet, dass er Lösungsvorschläge, annehmen oder verwerfen kann. Die Entscheidung darüber bleibt bei ihm selbst und kann nicht an den Coach delegiert werden.

4.5 Die Perspektive von Toni Schmidt

Der Coach sah erhebliche Risiken für die Zukunft von Toni Schmidt.

Erstens gab es die Zuschreibung des Vaters zur erfolgreichen Weiterführung des Unternehmens. Dabei hatte Rüdiger Schmidt sehr konkrete Vorstellungen, wie die Dinge zu regeln waren.

Zweitens gab es die möglichen Einschränkungen durch den Minderheitsgesellschafter Richard Schmidt, der wichtige Investitionen mit seinem Veto verhindern konnte.

Drittens wurde die Situation des Unternehmens am Markt in Zeiten der Globalisierung immer schwieriger.

Viertens kam Toni Schmidt direkt von der Universität, war für die ihm gestellte Aufgabe sehr jung und hatte so gut wie keine praktische Erfahrung im Management.

---

[21] *Eckard König/Gerda Vollmer, „Systemische Organisationsberatung", 2000, S. 265 f.*

Mit dem nächsten Arbeitsschritt sollte geklärt werden, wie er selbst seine Situation einschätzte.

Coach: „Wie ist Ihre Situation in fünf Jahren, wenn es gut gelaufen ist?"

Toni: „Dann bin ich als Geschäftsführer etabliert, habe Akzeptanz bei den Mitarbeitern und Kunden. Ich habe das Unternehmen nach vorne gebracht und mein Vater redet mir nicht mehr hinein. Insgesamt bin ich mit mir im Reinen, bin zufrieden und fühle mich wohl."

Coach: „Was braucht Ihr Vater von Ihnen, damit er sich zurückziehen kann?"

Toni: „Zunächst müssen die Zuständigkeiten besonders zwischen Richard und mir für die Zukunft geklärt werden. Dann braucht er von mir Beweise dafür, dass ich die Dinge auch auf meine Art zum Erfolg führen kann. Schließlich braucht er Transparenz, damit er vertrauen kann."

Coach: „Was können Sie ganz konkret dazu beitragen?"

Toni: „Ich muss meine Vorstellungen klar äußern und begründen. Um Transparenz herzustellen, muss ich besonders gegenüber Richard und gegenüber meinem Vater sehr aktiv und offen kommunizieren. Ich muss Beweise antreten und diese vermarkten. Und wenn ich ausgelotet habe, wie die Sachen hier laufen, muss ich die Zuständigkeiten mit meinem Cousin klären. Zu gegebener Zeit werde ich mit ihm und meinem Vater darüber sprechen."

Coach: „Sehen Sie für sich selbst Risiken?"

Toni: „Ja, einige Risiken. Die Aufgabe selbst ist für jeden anderen auch schwierig und ich bin dazu noch sehr jung und zumindest im praktischen Management auch unerfahren. Mein Cousin könnte nicht mitziehen, mein Vater nicht loslassen. Risiken gibt es gerade genug..."

Die Einschätzung des Coaches deckte sich weitgehend mit denen von Toni Schmidt.

4.6 Die Perspektive von Richard Schmidt

Mit dem nächsten Arbeitsschritt sollte die Perspektive von Richard Schmidt geklärt werden.

Coach: „Wie ist Ihre Situation in fünf Jahren, wenn es gut gelaufen ist?"

Richard: „Die Firma erwirtschaftet Ertrag, ich habe mit Toni eine gemeinsame Linie gefunden, wir verstehen uns, mein Privatleben stimmt im Sinne von Zusammenhalt und Sicherheit, die Führungskräfte sind noch da im Sinne von Stabilität und Kontinuität, mein Onkel steht als Stütze zur Verfügung. Er ist nicht dominant, sondern weit weg vom Alltagsgeschäft."

Coach: „Und wie ist das heute mit Ihrem Onkel?"

Richard: „Er kann nicht begreifen, was ich tue. Ich habe Schwierigkeiten, es ihm gegenüber darzustellen. Gutes, was ich leiste, wird nicht ausgesprochen, sondern nur Schlechtes."

Coach: „Leiden Sie darunter?"

Richard: „Ja. Seitdem er den Gedanken hat, das Unternehmen zu verlassen, ist es eine Litanei gegenüber Toni und mir. Meine Onkel kann richtig ausrasten, mich zur Sau machen."

Coach: „Wer hat heute im Unternehmen wieviel Autorität?"

Richard: „Rüdiger 100 Prozent, ich vielleicht zwischen 50 Prozent und 80 Prozent."

Coach: „Wie wird das sein, wenn Ihr Onkel das Unternehmen verlassen hat?"

Richard: „Mit den Aufgaben geht seine Autorität auf Toni und mich gleichermaßen über. Wir haben dann eines Tages beide 100 Prozent. Aber ich kann mir nicht vorstellen, dass er sich ganz heraus zieht. Er ist hier seit dreißig Jahren tätig."

Coach: „Würde es sie stören, wenn er nicht ganz heraus geht?"

Richard: „Im Prinzip ist es mir egal. Er soll loslassen, wenn er es will."

Coach: „Was würde es für Sie bedeuten, wenn er loslässt?"

Richard: „Dann hätte ich mehr Aufgaben, Alltagsentscheidungen kämen dann auf Toni und mich zu."

Coach: „Angenommen Rüdiger würde einen Vertrauensbruch begehen, der sie wirklich trifft. Was könnte das sein?"

Richard: „Er müsste Firmenanteile an Dritte verkaufen. Oder die Firma ganz hinter meinem Rücken verkaufen. Oder er müsste vor anderen Mitarbeitern über mich herziehen und damit meine Position schmälern. Oder irgendwelche Machtspielchen betreiben."

Coach: „Wie stellen sie sich eines Tages die Zusammenarbeit zwischen ihnen und Toni vor?"

Richard: „Beide führen mit gleicher Autorität. Die Arbeit, die ich mache, will ich behalten, die mache ich gern. Man soll ein offenes Ohr haben. Es ist nicht so wichtig, wie uns die Leute außen wahrnehmen."

Coach: „Was können sie dazu beitragen, dass die gemeinsame Linie mit Toni gefunden wird?"

Richard: „Mich in diesem Sinne verhalten."

Coach: „Und was können Sie dazu beitragen, dass Toni und Sie zu gleichwertigen Partnern werden?"

Richard: „Ich will die Zusammenarbeit variabel halten. In der ersten Zeit wird es höheren Gesprächsbedarf geben, Meinungen werden ausgetragen. In zehn Jahren haben wir uns dann beide verändert."

Coach: „Wer spielt in diesem System Familienunternehmen eigentlich welche Rolle?"

Richard: „Rüdiger ist das Familienoberhaupt, der Patriarch, der Vater. Toni ist der Nachfolger, Sohn, er steht für die Zukunft. Sigrid, die Frau von Rüdiger, ist die Informantin ohne direkten Einfluss. Die führenden Mitarbeiter sind Fürsten innerhalb ihrer Reiche."

Coach: „Und welche Rolle spielen Sie?"

Richard: „Ich weiß es nicht".

Coach „Welche Rolle spielen Sie?"

Richard: „Irgendwo dazwischen hänge ich".

Coach: „Wo genau?"

Richard: „Dahinter?"

Coach: „Wo, Richard? Welche Rolle spielen Sie?"

Richard: „Ich will keine Rolle spielen, ich will so sein, wie ich bin!"

Coach: „Also, wenn Toni der Sohn ist. Was schreiben Sie bei sich hin?"

Richard: „Auch Sohn, aber in Anführungszeichen weil ich Rüdigers Neffe bin."

Coach: „Was bedeutet das für Sie?"

Richard vertraute an dieser Stelle dem Coach ebenfalls seine persönliche Herkunftsgeschichte an.

Coach: „Leiden Sie an dieser Situation?"

Richard: „Ich habe nie Eltern gehabt, war stark auf mich gestellt. Mein Großvater war wohl seit damals von dem Wahn getrieben, dass alles in der Familie bleiben muss. Jedem neuen Partner eines Familienmitglieds gegenüber begegnete er mit absolutem Misstrauen. Darüber ist unterdessen die ganze Familie zerbrochen, denn seine Frau, meine Großmutter, pflegt diesen Brauch heute noch....Sie sollten diese Zusammenhänge in den Gesprächen mit den beiden anderen vielleicht nicht erwähnen. Ich weiß nicht, ob die wissen, dass ich darüber spreche."

Die Hypothese, dass Richard nicht in seiner Rolle war, hatte er bestätigt. Er wusste um seine Rolle im System Familienunternehmen selbst nicht, hing „irgendwo dazwischen" oder „dahinter". Bezüglich seiner zukünftigen Rolle als Geschäftsführer hatte er keine klare Vorstellung.

4.7 Die Rollen von Rüdiger und Richard

In einem nächsten Gespräch mit Rüdiger sollte das Verhaltensmuster zwischen ihm und seinem Neffen Richard näher beleuchtet werden

Coach: „Bitte beschreiben Sie mir eine möglichst typische, problematische Situation zwischen Ihnen und Ihrem Neffen."

Rüdiger: „Heute morgen habe ich ihm gesagt, dass in zwei Tagen wichtige Kunden kommen und zum Abendessen bleiben. Da auch er geschäftsführender Gesellschafter ist, habe ich ihn aufgefordert mit dabei zu sein. Aber er hat natürlich wieder Ausflüchte und wird nicht teilnehmen. Sagen sie mir, wie ich ihn dazu bekomme, mitzugehen."

Coach: „Was genau haben Sie gesagt?"

Rüdiger: „In zwei Tagen kommen die wichtigen Kunden, Du musst mit dabei sein."

Coach: „Wer trifft die Entscheidung, ob er dabei ist oder nicht?"

Rüdiger: „Ich, weil er sie nicht trifft. Aber er sagt ja dann, dass er nicht dabei ist."

Der Coach führt an dieser Stelle das Modell der Transaktionsanalyse ein. Demnach befindet sich Rüdiger im fürsorglichen oder kritischen Eltern-Ich und Richard im rebellischen oder angepassten Kind-Ich.[22]

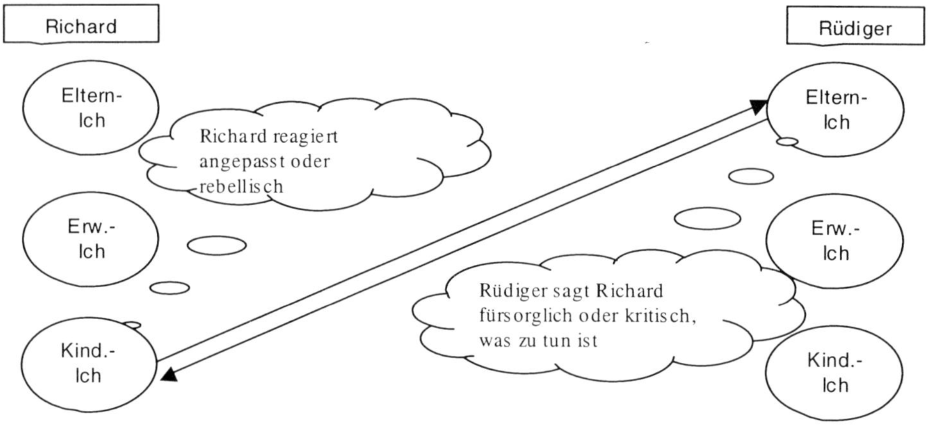

Bild 14: Transaktionsanalyse

---

[22] *Ian Stewart / Vann Joines, „Die Transaktionsanalyse", 2003*
Thomas A. Harris, „Ich bin o.k., Du bist o.k.", 2002

Coach: „Wie kriegen Sie es hin, dass er das sagt?"

Rüdiger: „Ich weiß es nicht. Vielleicht weil ich ihm das so sage."

Coach: „Wie sagen Sie es ihm?"

Rüdiger: „Ja, ich weise ihn an. Denn von sich aus macht er es ja nicht."

Coach: „Wie viel Verantwortung tragen Sie für das Thema und wie viel Richard?"

Rüdiger: „Ich trage alle Verantwortung, wie immer. Denn er geht ja nicht in die Verantwortung, deshalb muss ich sie ja tragen."

Coach: „Angenommen, Richard würde die Verantwortung selbst tragen und Sie wüssten darum. Wie würden Sie ihn dann fragen?"

Rüdiger: „In zwei Tagen kommen die wichtigen Kunden. Kannst Du auch dabei sein?"

Coach: „Genau. Wo liegt jetzt die Verantwortung?"

Rüdiger: „Ja, ganz bei ihm. Er entscheidet selbst."

Coach: „Und wie war es vorher?"

Rüdiger: „Da habe ich für ihn entschieden, da habe ich für ihn die Verantwortung übernommen"

Coach: „Seit wann tragen Sie für Richard die Verantwortung?"

Rüdiger: „Seit damals, seit ihn mein Vater aus den Staaten geholt hat. Weil meine Schwester sie nicht übernehmen wollte oder konnte. Er, mein Vater, hat mir die Verantwortung für Richard übertragen."

Coach: „Wer trägt üblicherweise die Verantwortung für einen über vierzigjährigen, gesunden Mann?"

Rüdiger: „Üblicherweise er selbst. Aber Richard trägt doch die Verantwortung für sich selbst nicht, also muss ich sie doch tragen."

Coach: „Muss er sie wirklich tragen?"

Rüdiger: „Nein, denn ich trage sie ja. Also ich trage für andere Personen Verantwortung, darum tragen sie sie selbst nicht. Meinen sie das?"

Coach: „So könnte es sein."

Rüdiger: „Wenn es so ist: Wie komme ich da raus? Was kann ich ändern? Mische ich mich zuviel oder zuwenig ein? Sagen Sie es mir, Sie sind der Coach."

Coach: „Sie laden mich gerade ein, die Verantwortung für Sie zu übernehmen. Die nehme ich nicht an. Sind Sie einverstanden, dass wir so miteinander arbeiten, dass Sie selbst darauf kommen? Die Verantwortung für Ihr Handeln bleibt dann bei Ihnen, wo sie hingehört."

Rüdiger: „Ja gut. Also, was soll ich tun?"

Coach: „Welche Rollen spielen Sie als Geschäftsführer einerseits und als Vater andererseits?"

Rüdiger: „Als Geschäftsführer bin ich der Firma verpflichtet, ich kommuniziere vom Erwachsenen zum Erwachsenen. Als Vater bin ich Familienmitglied und dem mir Anvertrauten verpflichtet. Ich kommuniziere vom Eltern-Ich zum Kind-Ich."

Coach: „Und wie kommunizieren sie als Geschäftsführer mit dem Richard?"

Rüdiger: „Ja, vom Eltern-Ich zum Kind-Ich. Aber was soll ich denn tun, wenn er die Dinge nicht so erledigt, wie ich das will? Sagen Sie es mir."

Coach: „Wer trägt im Moment die Verantwortung für das Leben des Richard?"

Rüdiger: „Ich und er selbst."

Coach: „Und welche Alternative gibt es?"

Rüdiger: „Richard übernimmt die Verantwortung ganz für sich selbst, ich übernehme keine Verantwortung mehr für sein Leben."

Coach: „Und wie verhalten Sie sich als Geschäftsführer gegenüber Richard? Welche Rolle nehmen Sie dann ein?"

Rüdiger: „Sagen Sie es mir!"

Coach: „Sagen Sie es bitte selbst".

Rüdiger: „Ich nehme meine Rolle als Geschäftsführer so wahr, als wenn er ein Fremder wäre. Ich behandle ihn nicht mehr wie einen Anvertrauten. Aber, das kann ich nicht!

Coach: „Warum nicht?"

Rüdiger: „Weil er mir von meinen Vater anvertraut wurde, weil ich es versprochen habe. Und weil er die Dinge nicht so macht, wie ein Geschäftsführer sie zu machen hat. Ich muss ihm ja sagen, was er zu tun hat."

Coach: „Angenommen, er macht die Dinge nicht so, wie sie ein Geschäftsführer üblicherweise macht. Angenommen, er wäre ein völlig Fremder. Wie würden Sie dann mit ihm reden?"

Rüdiger: „Ich würde mit ihm ernst reden, unter Erwachsenen."

Coach: „Und wie sähe das aus?"

Rüdiger: „Ich würde sagen: Überlegen Sie sich was."

Coach: „Angenommen, er überlegt sich nichts. Was machen Sie dann?"

Rüdiger: „Ich würde mir einen Vorschlag zur Trennung ausdenken."

Coach: „Und was machen Sie als Unternehmer dann?"

Rüdiger: „Ich würde mich von diesem Mitarbeiter trennen. Aber genau das will ich doch nicht. Ich hatte gehofft, dass ich mit Ihrer Hilfe einen anderen Weg finde."

Coach: „Ich möchte, dass Sie das Verhaltensmuster, das sich zwischen Ihnen und Richard in den letzen Jahren etabliert hat, klar erkennen. Deshalb noch einmal: Wie behandeln Sie Richard und welche Verantwortung übernehmen Sie heute?"

Rüdiger: „Ich behandle ihn heute als mir anvertrauten Sohn, an dem Unrecht begangen wurde. Als Sohn, der dazu gebracht werden soll, seine Rolle als Geschäftsführer auszufüllen. Ich übernehme für ihn Verantwortung, wie ich es vierzig Jahre lang tat."

Coach: „Von wem wurde Unrecht an Richard begangen?"

Rüdiger: „Zuerst von seiner Mutter, weil sie ihn zurückließ. Und dann von seinem Großvater, weil er ihm die Mutter nahm, indem er sie aus der Familie entfernte. Und dann wieder von seiner Mutter, weil sie sich entfernen ließ und sich Zeit ihres Lebens nicht um ihn bemühte."

Coach: „Haben Sie selbst Unrecht an Richard begangen?"

Rüdiger: „Nein, ich habe immer versucht, wieder gut zu machen. Ich habe es für meinen Vater getan. Ich habe Richard versucht zu helfen."

Coach: „Warum haben Sie es für ihren Vater getan?"

Rüdiger: „Er selbst konnte es nicht. Und zugleich hat er unendlich an der Situation gelitten."

Coach: „Und was macht das mit Richard, wenn sie ihn im Unternehmen weiterhin als anvertrauten Sohn behandeln, ihm helfen?"

Rüdiger: „Richard geht nicht in die Verantwortung, denn ich trage sie ja."

Coach: „Und weiter?"

Rüdiger: „Richard füllt seine Rolle als Geschäftsführer nicht aus. Er übernimmt keine Verantwortung".

Coach: „Genau. Und was macht das mit Ihnen?"

Rüdiger: „Und ich behandle ihn weiter als Sohn, der dazu gebracht werden soll, seine Rolle als Geschäftsführer auszufüllen. Der Teufelskreis schließt sich."

Coach: „Wie können Sie ihm anders helfen?"

Rüdiger: „Ich kann Richard wie einen Erwachsenen behandeln, der die Verantwortung für sich selbst übernimmt. Ich kann versuchen, ihn die Dinge in seinem Privatleben so machen zu lassen, wie er es will. Im Unternehmen kann ich versuchen, ihn wie einen fremden Geschäftsführer zu behandeln. So könnte ich den Teufelskreis durchbrechen. Aber das alles wird mir sehr schwer fallen..."

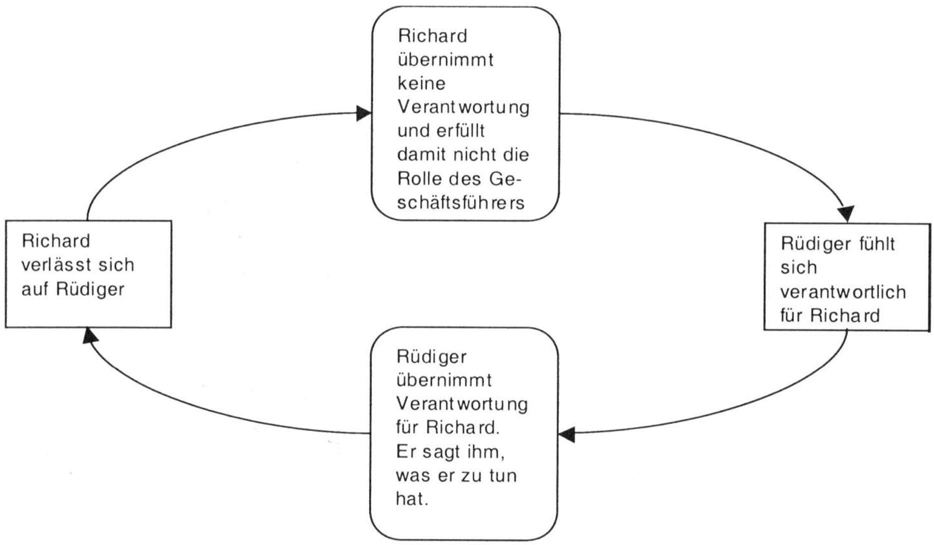

Bild 15: Der Teufelskreis zwischen Rüdiger und Richard

Eine der zugrunde liegenden Hypothesen des Coachings war, dass Rüdiger durch sein Verhalten Verantwortung bei anderen verhinderte. Diese Vermutung hatte sich nun bestätigt. Der Hintergrund dieses Verhaltensmusters lag offenbar in dem Unrecht, das im Familiensystem an Richard begangen worden war. Egon Schmidt, der Gründer des Unternehmens, der Vater von Margarete und Großvater von Richard, hatte seinem Sohn Rüdiger die Verantwortung für Richard zugeschrieben. Rüdiger hatte diese Zuschreibung angenommen und seit vierzig Jahren erfüllt.

Systemisch gesehen ist dabei unbedeutend, wo Ursache und Wirkung liegen. Rüdiger fühlte sich verantwortlich, deshalb traf er Entscheidungen für Richard, worauf dieser seine Rolle nicht erfüllte, weshalb Rüdiger in die Verantwortung für Richard ging. Dieser Prozess lässt sich aber auch so beschreiben: Richard war nicht in seiner Rolle als Geschäftsführer, Rüdiger traf deshalb Entscheidungen für ihn und übernahm damit die Verantwortung, weshalb Richard nicht in seine Rolle kam...

Entscheidend ist, dass Rüdiger und Richard sich in einem Verhaltensmuster befinden, dass sich selbst am Leben erhält. Es ging nun darum, dass beide Beteiligten ihr Verhaltensmuster klar erkannten und Verantwortung für ihr Handeln übernahmen. Beide können dieses Muster durchbrechen, wenn sie konnten und wollten.

Hintergrund

Transaktionsanalyse

„Die Transaktionsanalyse ist eine Theorie der menschlichen Persönlichkeit und zugleich eine Richtung der Psychotherapie, die darauf abzielt, sowohl die Entwicklung wie auch die Veränderung der Persönlichkeit zu fördern."[23]

Sie verfolgt das Ziel, aus einem Menschen, der ganz oder teilweise auf seine Teilpersönlichkeit reduziert ist, eine bewusste, die Teilpersönlichkeiten nach Bedarf integrierende Person zu entwickeln. So ist diese Person in der Lage, ihr persönliches Potenzial zu entfalten.

[23] *Definition nach der International Transactional Analysis Associaton*

Damit auch Richard seine Rolle klarer erkennen konnte, fand ein weiteres Einzelgespräch zwischen ihm und dem Coach statt.

Coach: „Wie ist heute das Verhalten zwischen Ihnen und Rüdiger?"

Richard: „Er lässt uns keine Entscheidungsfreiheit, nimmt uns die Luft zum Atmen. Er versucht, mir die Entscheidungen abzunehmen, übernimmt für mich die Verantwortung. Du solltest, könntest, müsstest…Ich kann es nicht mehr hören."

Coach: „Und was ist die Alternative?"

Richard: „Ich habe meine Entscheidungsfreiheit, wir tragen gemeinsam Verantwortung und erreichen eine für beide tragbare Entscheidung."

Coach: „Was braucht Rüdiger, um diese Alternative leben zu können?"

Richard: „Er braucht, dass ich die Entscheidungen in seinem Sinne treffe. Ich will aber meine Meinung behalten, die Chance haben, meine Meinung zu äußern."

Coach: „Was braucht Rüdiger noch?"

Richard: „Keine Ahnung."

Coach: „Sie haben sich nach langem Zögern in unserem vorigen Gespräch als „Sohn" im System des Unternehmens bezeichnet. Ist das eine angemessene Rolle?"

Richard: „In der Praxis bin ich kein gleichberechtigter Partner, Führungskraft bin ich."

Coach: „Wie sieht Sie Rüdiger?"

Richard: „Er ist in der Vaterrolle, übernimmt Verantwortung für mich, kümmert sich um den Enkel, wie es ihm sein Vater gesagt hat. Ich denke, er hat Mitleid, führt und erzieht mich."

Coach: „Und wie sehen sie den Rüdiger?"

Richard: „Er ist der Onkel, der auf mich aufpasst. Er ist nicht die Autorität, nur der Onkel. Wenn der Rüdiger mir was sagt, denke ich: Gucken wir mal… er kümmert sich, ist Nebenvater mit begrenzter Verantwortung, Erzieher, eine Art männliches Au-pair, ein Kindermädchen. Ja, das ist gut: Er ist mein Kindermädchen, das sich um mich kümmert."

Coach: „Jetzt möchte ich auf das Verhaltensmuster zwischen Rüdiger und Ihnen zu sprechen kommen. Welche Botschaften sendet Ihnen Rüdiger?"

Richard: „Du solltest, Du müsstest...ich, Rüdiger, bin für Dich, Richard, verantwortlich."

Coach: „Und wie kommt das bei Ihnen an?"

Richard: „Bei Sachen, die er macht, verlasse ich mich blind auf ihn. Ich bin versorgt, brauche mich um nichts zu kümmern..."

Richard entwickelte mit Unterstützung des Coaches denselben Teufelskreis, den Rüdiger entwickelt hatte.

Coach: „Wie durchbrechen Sie diesen Teufelskreis?"

Richard: „Warum soll ich ihn durchbrechen? Es wäre doch an Rüdiger, diesen Schritt zu tun. Er trägt doch die Verantwortung."

Coach: „Wer trägt die Verantwortung für diesen Teufelskreis?"

Richard: „So gesehen wir beide."

Coach: „Wenn er durchbrochen werden soll, wer ist dann dafür verantwortlich?"

Richard: „Klar, auch wir beide."

Coach: „Was könnte dabei Ihr Anteil sein?"

Richard: „Ich müsste den Ablöseprozess aktiv gestalten, das könnte ich schon, wenn er mir die Verantwortung gäbe."

Coach: „Wollen Sie mehr Verantwortung?"

Richard: „Er gibt sie mir ja nicht".

Coach: „Wollen Sie mehr Verantwortung?"

Richard: „Ja, schon".

Coach: „Was sind also die zentralen Fragen?"

Richard: „Die zentralen Fragen sind: Wie kann Rüdiger mir mehr Verantwortung geben und wie kann ich in meiner Rolle als Geschäftsführer mehr Verantwortung wahrnehmen. Und wie machen wir damit aus dem Teufels- einen Engelskreis, der nach oben führt."

Coach: „Was heißt das für Sie persönlich?"

Richard: „Ich muss mehr Verantwortung tragen".

4.8 Der Nutzen des Teufelskreises für die beiden Beteiligten

Der Coach erhielt einen Anruf von Rüdiger Schmidt, mit dem er dringend um ein weiteres Gespräch bat. Offenbar befand er sich in einer Art seelischen Notlage.

Coach: „Sie haben mich angerufen..."

Rüdiger: „Ich kann nicht mehr schlafen, weiß nicht mehr, wie es weitergehen soll. Ich habe nach unserem letzten Gespräch Richard Verantwortung übertragen, die er nicht wahrgenommen hat. Es geht nicht."

Coach: „Was genau haben Sie getan?"

Rüdiger: „Ich habe herausgefunden, dass Richard entgegen meinen Anweisungen eine Lagerhalle nicht verschlossen hat, obwohl darin wertvolle Ware war. Ich habe ihm sogar extra noch einen gelben Zettel geschrieben und ihm damit die Verantwortung übertragen. Als ich gestern nachfragte, sagte er mir, dass er vergessen habe abzuschließen. Also, es funktioniert nicht, was sie mir gesagt haben."

Coach: „Werfen wir noch einmal einen Blick auf den Teufelskreis: Wie haben Sie es Richard gesagt? Wie es ein Erwachsener dem anderen Erwachsenen sagt?"

Rüdiger: „Ich habe zu ihm gesagt, dass er heute die Halle abschließen soll. Auch um zu kontrollieren, ob er in die Verantwortung geht."

Coach: „Haben sie ihm Verantwortung übertragen oder eine einzelne Anweisung gegeben, die er ausführen sollte?"

Rüdiger: „Wenn sie so fragen...eine Anweisung gegeben."

Coach: „Wie sieht es aus, wenn Sie Verantwortung an einen neu eingestellten führenden Mitarbeiter übertragen?"

Rüdiger: „Ich führe mit ihm ein Gespräch über seine Zuständigkeiten und biete ihm an, dass er zu mir kommen kann, wenn er es nicht alleine schafft."

Coach „Was hindert Sie daran, genau so mit Richard zu verfahren? Mich interessiert, welchen Nutzen Sie aus diesem Teufelskreis ziehen."

Rüdiger: „ Da Richard seine Rolle als Geschäftsführer nicht ausfüllt, muss ich ihm sagen, was er zu tun hat. Nur deshalb läuft die Firma erfolgreich weiter."

Coach: „Welchen weiteren Nutzen ziehen Sie aus dem Teufelskreis?"

Rüdiger: „Ich werde meiner Verantwortung, die sich dem Richard gegenüber ergeben hat, gerecht. Ich schütze meinen „Sohn", mein Seelenleben funktioniert dadurch noch einigermaßen. Ich würde mich selbst sehr unglücklich machen, wenn das mit dem Richard nicht funktioniert, wenn ich ihn rausschmeißen müsste! Außerdem würde die restliche Familie dann auch noch auseinander brechen."

Coach: „Ich erlebe Sie heute sehr aufgewühlt. Was hat sich gegenüber unserem letzten Gespräch verändert?"

Rüdiger: „Ich habe versucht den Richard loszulassen und gemerkt, wie unendlich schwer es mir fällt."

Coach: „Welchen Nutzen zieht Richard aus dem Teufelskreis?"

Rüdiger: „Er muss sich nicht bewegen, kann alles so lassen, wie es ist. Er lebt weiterhin in diesem geschützten Raum. Wenn er sich anfängt zu bewegen, kann er vermutlich nur verlieren. Dann merken die anderen, dass er es vermutlich gar nicht kann. Und dann wird es für ihn schwierig..."

Coach: „Und das wollen Sie nicht und deshalb lassen sie auch alles, wie es ist, oder?"

Rüdiger: „Kann sein. Mich kostet das alles wahnsinnig viel Energie."

4.9 Die Entscheidung zwischen den Optionen liegt bei den Beteiligten

Das nächste Gespräch führte der Coach mit allen drei Beteiligten. Zu Beginn wies Rüdiger darauf hin, dass er und Richard unterdessen über das Familiengeheimnis gesprochen haben. Somit wurde der Sachverhalt in dieser Runde nicht länger als Tabu behandelt, es konnte offen darüber gesprochen werden. Der Coach informierte anschließend darüber, dass Rüdiger und Richard unabhängig voneinander auf denselben Teufelskreis gestoßen waren. Der jeweilige Nutzen wurde offen angesprochen.

Coach „Was hat sich seit Beginn der Beratung geändert?"

Rüdiger: „Nichts. Ich weiß immer noch nicht, was ich tun soll. „

Toni: „Unser Bewusstsein über die Realität. Wir verstehen jetzt, warum die Dinge bei uns so sind. Der Teufelskreis muss von Euch Beiden in eine positive Entwicklung umgekehrt werden."

Richard: „Bei mir hat ein Denkprozess hinsichtlich der gemeinsamen Zukunft mit Toni eingesetzt."

Coach: „Was muss sich nun verändern?"

Rüdiger: „Von Richard erwarte ich Eigeninitiative und Unternehmertum."

Toni: „Ich erwarte, dass mein Vater Aufgabengebiete und damit Verantwortung auf Richard und mich überträgt."

Richard: „Es muss mehr Akzeptanz dafür geben, dass jemand Aufgaben anders angeht."

Rüdiger: „Die Ergebnisse müssen gut sein. Wie der Weg dahin geht, ist mir mittlerweile egal."

Richard: „Ja, aber die Ergebnisbewertung ist dann eben unterschiedlich".

Coach: „Wofür ist dieser Teufelskreis gut?"

Rüdiger: „Er ist dafür gut, die Familie hochzuhalten und zur Beruhigung meines schlechten Gewissens."

Toni: „Er bedeutet Fürsorge für die Familie."

Rüdiger: „Er ist dafür gut, dass Richard einen super Job mit einem super Einkommen hat und seine Familie versorgt ist. Außerdem ist er dafür gut, dass Richard keine Sorgen hat und keine Verantwortung trägt."

Toni: „Er ist dafür da, dass Rüdiger von Richard keine volle Leistung verlangt und ihn damit schützt".

Richard: „Er ist dafür da, dass Rüdiger mich bevormunden kann."

Coach: „Mit Blick auf diesen Kreis: Wie wollen Sie es zusammen zukünftig halten?"

Toni: „Der Teufelskreis muss durchschlagen werden, denn ich fühle mich mittlerweile deshalb unwohl an meinem Platz."

Rüdiger: „Ich will Richard ab jetzt behandeln wie einen Geschäftsführer dieses Unternehmens. Er wird alle Konsequenzen seines Handelns tragen müssen. Ob mir das gelingt, weiß ich nicht..."

Richard: „Ich habe auch in der Vergangenheit Dinge gut gemacht. Ich bin bereit, noch mehr Verantwortung zu übernehmen, wenn Richard sie mir wirklich gibt."

Um diesen ersten Teil des Auftrags abzuschließen, formulierte der Coach nun eine Schlussintervention. Sie lenkte die Verantwortung für die nun anstehenden Entscheidungen klar und eindeutig zurück an die drei Beteiligten.

Coach: „Zum Abschluss dieser Phase des Coachings möchte ich Ihren jeweiligen Standpunkt und Ihre Handlungsoptionen darstellen:

Toni, Sie sehen sich selbst für die ihnen übertragene Aufgabe als noch zu jung und zu unerfahren. Sie denken, dass Ihr Cousin Richard die Rolle des Geschäftsführers nicht ausfüllt, halten sich aber mit Forderungen und Kritik zurück, weil Sie den zumindest teilweise noch vorhandenen Familienfrieden nicht gefährden wollen. Ihrem Vater gegenüber sind Sie absolut loyal. Dafür erwarten Sie, dass er sich weiter schrittweise zurückzieht und Ihnen die Verantwortung überträgt.

Ich bin davon beeindruckt, wie schnell Sie sich in Ihre Aufgaben eingearbeitet haben. Zugleich gilt Ihnen aber auch meine ganze Sorge, da Sie nicht nur eine große Aufgabe in einem schwierigen Markt zu bewältigen haben, sondern zusätzlich mit dem familiär bedingten Konflikt zwischen Ihrem Vater und Ihrem Cousin belastet sind.

Sie haben grundsätzlich zwei Optionen: Sie können in dem Unternehmen bleiben oder das Unternehmen verlassen, um an anderer Stelle ihre Fähigkeiten zu entwickeln

Richard, Sie selbst denken, dass Sie ihren Job bisher gut gemacht haben. Sie ließen auch durchblicken, dass die Anwesenheit eines Coaches Sie in diesem System eher schwächt als stärkt. Sie stört, dass Ihr Onkel Rüdiger Sie anders haben möchte als Sie sind.

Auch nach Ihrer eigenen Einschätzung übernehmen Sie für einen Geschäftsführer heute zuwenig Verantwortung. Sie hoffen darauf, dass Rüdiger Ihnen die Möglichkeit gibt, Ihre ganze Kraft zu entfalten. Es ist nicht sicher, dass Rüdiger und Sie sich aus ihrem Teufelskreis wirklich werden lösen können. Und somit ist es auch fraglich, ob Sie in diesem Unternehmen wirklich in mehr Verantwortung kommen können.

Auch Sie haben damit grundsätzlich zwei Optionen: Sie können entweder in diesem oder außerhalb dieses Unternehmens mehr Verantwortung übernehmen.

Rüdiger, Sie denken, dass Richard keinesfalls in seiner Rolle des Geschäftsführers ist. Er bringt aus ihrer Sicht nicht die notwendige Leistung. Sie wollen Ihn einerseits weiter schützen, Ihn andererseits aber in die Verantwortung entlassen. An dieser Stelle wird die Kollision zwischen dem System Familie und dem System Unternehmen deutlich. Sie möchten die ganze Angelegenheit geregelt haben, ehe Sie das Unternehmen verlassen. Dies vermutlich auch, um Ihren Sohn Toni vor Richard zu schützen.

Bei ihnen ist eine starke Ambivalenz spürbar: Sie wollen einerseits dem Familiensystem dienen und Richard weiter so beschützen, wie Sie es in den vergangenen vierzig Jahren taten. Andererseits wollen Sie dem System Unternehmen dienen und Richard voll in die Verantwortung des Geschäftsführers nehmen. Das Dilemma ist gut verständlich und nachvollziehbar. Es ist an Ihnen, sich zu entscheiden.

Nachdem die Zusammenhänge Ihrer Situation bekannt sind, stehen Sie nun an dem Punkt, dass Sie sich verantwortlich für Ihren jeweils weiteren Weg entscheiden. Meine Kollegen und ich stehen Ihnen als persönliche Coaches gerne zur Seite, sofern das notwendig ist und sie dies auch wünschen."

4.10 Fazit

Die Familienlogik hatte auch in diesem Beispiel die Logik des Unternehmens komplett überrollt. Die Familie Schmidt hatte ihr Geheimnis über Jahrzehnte hinweg gut gehütet und sich damit der Möglichkeit beraubt, zwischen Rüdiger und Richard aus eigener Kraft in ein der Sache dienliches Verhaltensmuster hineinzuwachsen.

Besonders Rüdiger lud den Coach immer wieder ein, in die Verantwortung für die anstehenden Entscheidungen zu gehen. Es war die Aufforderung an den Coach, ins Eltern-Ich zu gehen. Das Muster des Systems Schmidt sollte auf die Coachingsituation übertragen werden.

Die Zusammenhänge wurden mit Hilfe des Coaches stattdessen ausreichend geklärt und für die Beteiligten hatten sich dadurch neue Referenzrahmen ergeben. Ihnen wurde so neue Orientierung möglich. Die Schlussintervention diente dazu, die Verantwortung für die anstehenden Entscheidungen klar und eindeutig den Betroffenen zurückzugeben. Denn nur wenn die Entscheidungen aus dem System selbst heraus getroffen werden, können sie authentisch und damit nachhaltig wirksam sein.

5 Resümee

In allen drei beschriebenen Fällen dominiert die Logik der Familie die Logik des Unternehmens. Weil in Familienunternehmen diese beiden Logiken aufeinander treffen, sind sie so anfällig für Konflikte.

In Zeiten des Generationswechsels sind Konflikte besonders wahrscheinlich, weil sich mit der Nachfolge die Rahmenbedingungen für das Familienunternehmen ändern. Etablierte Kommunikations- und Verhaltensmuster, die unter der Führung der einen Generation dienlich waren, können unter den neuen Vorzeichen nicht mehr helfen.

Bei den dann notwendigen Veränderungen ist sehr wohl zu unterscheiden, welche Aspekte des Verhaltens und der Kommunikation auch zukünftig für die neue Generation noch dienlich sein können. Sie sind nach Möglichkeit zu erhalten. Andere Aspekte gilt es zu entwickeln.

Konflikte als eigene soziale Systeme können grundsätzlich zur Entwicklung genutzt werden. Dabei ist zu beachten, dass es Kräfte gibt, die den Konflikt aufrechterhalten. Die Beteiligten haben einen für sie selbst nur selten erkennbaren Nutzen aus dem Konflikt, sonst würde er sofort in sich zusammenfallen. Diesen eigenen Vorteil zu erkennen ist meist die Voraussetzung, um den Konflikt wirklich für ein Gelingen des Generationswechsels und damit auch zur eigenen Entwicklung nutzen zu können.

Die Eigendynamik des Konflikts in Zeiten des Generationswechsels macht es oft notwendig, einen neutralen Dritten als Coach hinzuzuziehen.

Literaturverzeichnis

Becker, Henning / Hugo-Becker, Annegret: Psychologisches Konfliktmanagement, München, 2000

Ellebracht, Heiner / Lenz, Gerhard / Osterhold, Gisela / Schäfer, Helmut: Systemische Organisation- und Unternehmensberatung, Wiesbaden, 2002

Fischer-Epe, Maren: Coaching, Reinbek bei Hamburg, 2002

Foerster, Heinz von: Einführung in den Konstruktivismus, München, 2002

Glasl, Friedrich: Konfliktmanagement, ein Handbuch für Führungskräfte, Beraterinnen und Berater, 7. Auflage, , Bern 2002

Harris, Thomas A.: Ich bin o.k., Du bist o.k., Reinbek bei Hamburg, 1975

Intercoaching GmbH: Skript Ausbildung zum Management-Coach, Spisergasse 26, CH 9004 St. Gallen

König, Eckard / Volmer, Gerda: Systemische Organisationsberatung, Weinheim 2000

König, Eckard / Volmer, Gerda: Systemisches Coaching, Weinheim 2003

Luhmann: Soziale Systeme, 1984

Mücke, Klaus: Probleme sind Lösungen, Potsdam, 2003

Schreyögg, Astrid: Konfliktcoaching, Frankfurt am Main, 2002

Siefer, Thomas: Du kommst später einmal in die Firma, Heidelberg, 1996

Simon, Fritz B.: Tödliche Konflikte, Heidelberg, 2001

Stewart, Ian / Joines, Vann: Die Transaktionsanalyse, Freiburg, 2003

Titze, Wolfgang: Neue Wege finden, Eschborn, 2003

Vries, Kets de: Family Business. Human Dilemmas in the Family Firm", 1996

Watzlawick, Paul: Wie wirklich ist die Wirklichkeit?, München, 1976

Zimbardo, Philip G. / Gerrig, Richard J.: Psychologie, Berlin 1999

Zum Autor

Wolfgang Titze stammt aus einer Familie, die ein Unternehmen gründete und in zwei Generationen führte. Er selbst kam als Nachfolger für seinen Großvater und seinen Vater nicht in Frage, weil er noch zu jung war, als der Generationswechsel anstand. Das Unternehmen wurde verkauft.

Nach dem Studium der Wirtschaftswissenschaften an der Universität Fribourg, Schweiz, war er von 1987 bis 1994 in führenden Positionen für ein Familienunternehmen in Bern, Stuttgart und Berlin tätig. Als Geschäftsführer für Marketing und Vertrieb hat er in der Praxis die Herausforderungen kennen gelernt, die ein mittelständisches Unternehmen zu bewältigen hat.

1995 gründete er die Unternehmensberatung TITZE MARKETING. In der Zusammenarbeit mit anderen Beratern begleitete sein Team bis heute mehr als 50 kleinere und mittlere Unternehmen bei deren individuellen Entwicklungsprozessen. Darunter gab es auch viele Familienunternehmen, die sich Hilfe zum Thema „Generationswechsel" holten.

Wolfgang Titze ist ausgebildeter systemischer Berater und Management Coach.

Für die ZPT in Saarbrücken leitet er seit dem Jahr 2000 das „Mittelstandsforum Saar".

Im RKW Verlag ist 2003 der Titel „Neue Wege finden – praktische Erfahrungen mit einem systemischen Veränderungsprozess" erschienen.

Projektmanagement-Fachmann

8. Auflage 2004
1340 Seiten, 650 Abbildungen, 2 Bände im Schuber
RKW-Nr. 1120, ISBN 3-926984-57-0

„Das dicke Schnäppchen! Ein 1300 Seiten starkes Werk enthält alles, was Projektmanager wissen müssen. Das Wichtigste über dieses Buch in drei Sätzen. Erstens: 41 Experten, die führenden Köpfe der deutschen Projektmanagement-Szene, geben hier ihr Wissen weiter. Zweitens: Das Buch hilft, selbst anspruchsvolle Großprojekte in den Griff zu bekommen. Drittens: Es handelt sich um die beste deutschsprachige Lektüre zum Thema Projektmanagement. Angesichts dieser Qualitäten ist das zweibändige Werk geradezu ein Schnäppchen ... Wer in einem Unternehmen Projektmanagement-Expertise auf- und ausbauen will, kommt an dieser reichhaltigen Quelle nicht vorbei. Hochwertig ist die didaktische Qualität der insgesamt 39 Kapitel. So findet sich beispielsweise auf fast jeder zweiten Textseite eine erläuternde Grafik.

Die nutzerfreundliche optische Aufbereitung zeigt sich bereits zu Beginn der Lektüre: Eine grafische „Themenlandkarte" ergänzt das Inhaltsverzeichnis. Anhand dieser Landkarte erkennt der Leser auf Anhieb die Matrixstruktur, in die sich das 1300 Seiten dicke Werk untergliedert.

Neben vier grundlegenden Kompetenzfeldern (Grundlagen-, Sozial-, Methoden- und Organisationskompetenz) unterscheidet das Handbuch drei konkrete Bereiche des Projektmanagements (Unternehmens- und Projektorganisation; Projektstruktur; Projektmethoden und -techniken).

Ein umfangreicher Stichwortindex erleichtert die gezielte Suche nach Antworten auf konkrete Fragen. Diese Suchfunktion bewährt sich selbst bei ausgefallenen Problemen, zum Beispiel bei Fragen zum Umgang mit Gruppenmitgliedern, die sich gegenseitig blockieren.

Fazit: besser, umfassender und profunder kann man Projektmanagement-Wissen in Buchform nicht darstellen." Manager magazin 10/2000

Fritz-Jürgen Kador, Hans Pornschlegel
unter Mitarbeit von Hans-Joachim Kempe und Tobias Kador

Personalplanung –
Grundlage eines systematischen Personalmanagements
Eine Handlungsanleitung für die Betriebspraxis

2004. 250 Seiten
RKW-Nr. 1470 / ISBN 3-89644-217-1

Der Betrieb hat in den vergangenen Jahren als Ort der Gestaltung von Arbeit und Technik sowie der Beziehungen zwischen Arbeitgebern und Arbeitnehmern stark an Bedeutung und an Eigenständigkeit gewonnen. Zahlreiche Firmentarifverträge, betriebliche „Bündnisse für Arbeit" sowie verbindliche Absprachen zwischen Arbeitgeber und Belegschaft in nicht tarifgebundenen Betrieben machen dies deutlich. Mit der vorgelegten Handlungsanleitung für die Betriebspraxis bieten die Autoren – vor allem, aber nicht nur – kleinen und mittleren Betrieben Analysen der komplexen Wirklichkeit mit konkreten Gestaltungsvorschlägen im Rahmen der geltenden Rechtsvorschriften an.

Schon 1977 haben die Autoren Kador, Pornschlegel und Kempe eine „Handlungsanleitung zur betrieblichen Personalplanung" vorgelegt, die als Vorläufer der jetzigen Veröffentlichung zu betrachten ist. Sie war das Ergebnis eines vom Bundesministerium für Arbeit und Sozialordnung geförderten Projekts. Mit ihm sollte kleinen und mittleren Betrieben Hilfe bei der Umsetzung der damals noch neuen Vorschriften des Betriebsverfassungsgesetzes (§§ 90 und 91 BetrVG) geboten werden. Die drei Auflagen dieser Schrift sind seit langem vergriffen. Seither ist eine Fülle von Publikationen zur Betrieb-lichen Personalplanung erschienen, unter denen die ebenfalls drei Auflagen des RKW-Handbuches Personalplanung eine besonders weite Verbreitung erfahren haben. Wenig thematisiert worden ist in der Literatur bisher der Einfluß der Flexibilsierung und der dynamischen Strukturveränderungen in der Arbeitswelt auf die Personalplanung als einer der wichtigsten Grundlagen des Personalmanagements.

Die jetzt vorgelegte Veröffentlichung, zu deren Autorenteam Tobias Kador als Arbeits- und Sozialrechtler neu hinzugestoßen ist, geht auf diese dynamischen Veränderungen detailliert ein. Sie zeigt die Handlungsmöglichkeiten in Betrieben mit und ohne Tarifbindung sowie mit und ohne Betriebsräte(n) auf. Das breite Spektrum arbeits- und sozialrechtlicher Vorschriften wird aktuell dargeboten. Auch öffentliche und gemeinnützige Betriebe können hier Anregungen finden. Insgesamt bietet sich dem Leser ein aktueller Überblick mit konkreten Handlungsperspektiven für ein zeitgerechtes Personalmanagement.

Lothar Gutjahr

Mediation in mittelständischen Unternehmen

Unterstützung für Personalentwickler, Projektleiter und Einkäufer

2004. 122 Seiten
RKW-Nr. 1481
ISBN 3-89644-228-7

Was haben der Leiter einer Personalabteilung, der Geschäftsführer einer Konstruktionsfirma und die Projektleiterin eines mittelständischen Bauunternehmens gemeinsam? Alle drei lesen die Überschrift eines Artikels über Mediation und fragen sich, was Om-Singen oder stille japanische Klöster mit Wirtschaft und Arbeitswelt zu tun haben sollen. Sie stolpern über ein weit verbreitetes Missverständnis, denn fälschlicherweise lesen sie Meditation.

Gemeint ist aber etwas anderes: Mediation ist ein Konzept, ein Vorgehen, ein Rahmen. Aber schon tauchen weitere Fragen auf – Rahmen wozu? Was ist das Ziel der Mediation? Was tun Mediatorinnen und Mediatoren? Was nützt das Ganze einem Unternehmen, einem Unternehmer, der Personalabteilung, Einkäufern oder Vorgesetzten? Steigen hierdurch die Erträge? Sinken die Kosten?

Auf alle diese Fragen gibt das Buch eine Antwort, und zwar anhand von drei Beispielen:

Praxis 1: Konflikt-Mediation durch Externe

Praxis 2: Führungskräfte als Mediatoren. „Hier schlichtet der Chef selbst"

Praxis 3: Effektive Einkaufsverhandlungen durch Mediation

Außerdem wird das Handwerkzeug der Mediation vorgestellt, und im Anhang gibt es eine große Auswahl von Anbietern für die Aus- und Fortbildung sowie die Mediationsordnung, das sogenannte Hamburger Modell.